KB056948

경제 뉴스가 그렇게 어렵습니까?

속이 뻥 뚫리는 **경제 기사 바로 읽기**

이상민 지음

소금

• 이진우(MBC 〈이진우의 손에 잡히는 경제〉 진행, 삼프로TV 대표)

경제를 잘 이해하려면 경제 신문을 꾸준히 읽는 게 좋다고 조언하는 전문가들이 많지만, 나는 동의하지 않는다. 적어도 우리나라의 경제 뉴스들은 마치 밥 한 공기를 모래밭에 툭 던져놓은 것과 같아서 밥알과 모래알을 하나하나 발라내면서 읽지 않으면 안 된다. 경제 뉴스는 그래서 초보자들에게 오히려 해로울 때도 많다.

경제 뉴스를 읽다 보면 여기저기 편견과 오류가 자주 발견되는데, 놀랍게도 그런 결함을 그 기사를 쓴 기자도 그 기사를 검토한 데스크도 사실은 잘 모른다. 가슴 아픈 일이지만 우리나라의 경제 뉴스 생산 시스템은 이렇듯 총체적 난국이다. 겉으로는 깨끗해 보이는 손도 현미경으로 들여다보면 수많은 세균으로 가득하듯 경제 뉴스도 실은 그렇다는 말이다.

이 책을 다 읽고 나면 경제 뉴스를 쉽게 이해할 수 있게 될지는 잘 모르겠지만, 경제 뉴스를 얼마나 조심스럽게 읽어야 하는지는 잘

알게 될 것이다. 이 책은 그런 현미경 같은 책이다.

● 최경영(기자, KBS 〈최경영의 최강시사〉 진행)

이렇게 가정해봅시다. 언론사 기자들에게 1억 원 이상의 연봉을 줍니다. 정치적으로 경제적으로 완벽히 독립된 환경을 조성해줘요. 데스크도 관여하지 않습니다. 언론사 기자들은 자신이 마음먹은 기사를 얼마든지 쓸 수 있어요. 권력이나 광고주의 눈치를 보지 않고……. 그렇다고 하더라도 언론사의 보도는 완벽히 객관적으로 세상의 진실을 보여줄 수 없습니다. 왜냐면 ① 인간은 무지하고 ② 정보는 광범위한데 ③ 정보를 쥐고 있는 정부, 기업 등은 자신들에게 유리한 방식으로 정보를 가공해서 내놓기 때문입니다.

누군가의 입맛대로 가공된 정보에는 현혹되기 쉽죠. 특히 정부가 내놓는 숫자는 이렇게 해석할 수도 있고 저렇게 해석할 수도 있는데, 정부가 내놓는 보도자료에는 아예 이 숫자는 어떻게 해석하라고 설명이 되어 있지요. 처음 관련 보도자료를 접하는 기자들조차도 이 해석을 반박할 지식이나 정보가 없습니다. 그러니 정부가 내놓는 숫자와 해석을 그대로 쓰게 되지요. 다 똑같이.

검증은 없습니다. 검증의 과정도 없습니다. 한국 언론의 환경은 위에 설정한 이상적 환경이 아니라, 하루에 전화 한 통 돌리지 않고 남이 내놓은 보도자료나 먼저 나온 기사를 비슷하게 베껴 쓰면서 독자나 시청자의 눈과 귀를 잡기 위해 되도록 자극적으로 쓰도록 교육받아 생존하는 환경이거든요. 그 안에 진실이 담겨 있을 거라고는 상상하기 힘들죠?

그래서 배워야 합니다. 언론, 특히 숫자가 나오는 경제 기사를 읽는 법은 배워두면 유용합니다. 여러분의 재테크와도 접목할 수 있을 거예요. 나라 살림을 두고 여야가 말장난하고, 그 말장난에 언론이나 여러분이 얼마나 쉽게 속고 있는지도 확인하실 수 있을 겁니다.

저자는 저도 자주 글을 읽고 스크랩을 해놓는 이 분야의 고수. 추천합니다.

• 류이근〈한겨레〉편집국장

이상민은 국회에서 오랫동안 조세 정책의 숨은 의도와 꼼수를 드러냈다. 민간 연구소로 옮긴 뒤에는 예산으로 분석과 비판의 영역을 확장했다. 거기서 멈추지 않고 책으로 묶어낸 이 글들을 통해 그는 비판하는 언론을 비판한다. 게으름에 빠져 쉽게 기사 쓰지 말라는 경고와 같다. 경제 기사, 아니 경제 정책과 현상을 제대로 이해하고 싶은 모든 경제 주체들에게 권할 만한 책이다.

　　언론은 세상을 보는 창이다. 우리는 언론을 통해 세상을 바라본다. 그러나 안타깝게도 전체 세상을 온전히 보여주는 창은 존재하지 않는다. 오른쪽 벽에 있는 창을 통해 바라보는 세상과 왼쪽 벽에 있는 창을 통해 바라보는 세상은 다르다.

　　이 세상을 그대로 보여주는 완벽한 언론은 없기에 우리에게는 다양한 언론이 필요하다. 왼쪽 벽에 있는 창을 통해서도 세상을 보고, 오른쪽 벽에 있는 창을 통해서도 봐야 한다. 문제는 왼쪽 창이든 오른쪽 창이든 모두 집 근처의 세상밖에 보여주지 못한다는 점이다. 정반대 얘기를 하는 것처럼 보이지만 사실상 같은 얘기를 할 때도 많다.

　　예를 들어보자. 정부는 2017년 3.7% 증가한 예산안을 발표할 때 사상 최대 "슈퍼 예산"을 편성했다고 주장했다. 이를 두고 어떤 언론은 재정 건전성이 나빠진다며 비판했고, 다른 언론은 국가의 적극적인 역할 확대는 필요하다며 찬성했다. 두 주장은 다른 것 같지만 사실 같은 얘기를 하고 있다.

재정 지표 통계를 보자. 2017년은 물론이고 2018년에도 정부는 긴축 재정을 펼쳤다. 확장 재정이 아니다. 재정 수지는 역대급 흑자였고, 국가 부채 비율은 하락했다. 확장 또는 긴축 여부를 판별하는 재정 충격 지수도 긴축을 의미하는 음수를 기록했다. 그러나 언론은 문재인 정부의 슈퍼 예산이 좋은지 나쁜지를 놓고 논쟁을 벌였다. 슈퍼란 말은 정상 범위를 벗어났다는 뜻이다. 실제로는 긴축 예산인데, 이를 확장 예산이라고 표현하면 오보다. 게다가 긴축 예산을 정상적 범위의 확장 예산조차 넘어선 슈퍼 예산이라고 표현하면 '슈퍼 오보'다.

2023년도 예산안 총지출 증가율은 5.2%다. 정부는 2023년도 예산안을 건전 재정 또는 긴축 예산이라고 홍보했다. 많은 언론은 2017년 3.7% 증대는 정부 주장에 따라 "슈퍼 예산"이라고 하더니, 2023년 5.2% 증대는 "건전 재정" 또는 "긴축 예산"이라고 표현한다. 어떤 언론은 건전 재정을 펼치는 2023년도 예산안을 칭송하고, 다른 언론은 복지 등 서민의 삶을 팍팍하게 만드는 긴축 예산안이라며 비판한다. 결론은 반대지만, 정부가 홍보한 프레임 안에서 모두 같은 얘기를 하고 있다.

이런 사례는 더 있다. 지난 2019년 핫 이슈는 주택 가격 급등이었다. 어떤 언론은 부동산 투기 등을 막을 수 있는 종합부동산세 강화 등 정책이 필요하다고 주장했다. 다른 언론은 부동산 공급을 늘리기 위해 규제 완화 등 정책이 필요하다고 주장했다. 이렇게 상반된 주장이 나오면 진실은 마치 그 중간 어디에 있을 것 같다. 적절한 수요 대책과 공급 대책 모두 필요하다고 말하면 합리적인 사람이 될 것만 같다.

2019년 전국 주택 가격은 얼마나 올랐을까? 놀랍게도 0.4% 하락했다. 국토교통부 가격 지수를 보면 그렇다. 물론 일부 지역은 급등하고 일부 지역은 급락했다. 그러나 2019년 언론이라는 창을 통해 바라보는 세상은 집만 사면 모두 부자가 되는 세상이었다. 집이 없는 모두가 '벼락 거지'가 될 수 있다는 두려움이 혹시 '패닉 바잉'으로 나타난 것은 아닐까? 그렇다면 2019년 언론의 과장 보도가 2020년 이후 주택 가격 급등 책임의 일부일 수 있다. 언론이 상반된 얘기를 한다고 해서 진실이 그 중간 어디에 있는 것은 아니다.

다시 말하지만, 이 세상에 객관적이고 완벽한 언론은 없다. 여러 개의 창을 모두 본다고 해서 실제 세상을 볼 수 없다. 그렇다고 직접 모든 세상을 만나고 다닐 수도 없다. 그래서 기사 비평을 통한 세상 바로 보기가 필요하다.

이 책에서 우선 중시한 것은 정확한 개념 사용이다. 정확한 개념 사용은 경제 기사에서 더욱 중요하다. 우리가 일상생활에서 쓰는 단어가 경제 용어와 같은 외형을 띠고 있어도 다른 개념으로 사용될 때가 많다. 이에 경제 기사를 볼 때 반드시 알아야 할 개념들을 따로 정리했다. 현실과 괴리된 용어 사전 형태가 아니라 정확한 개념이 경제 기사 속에 녹아 들어갈 수 있도록 노력했다.

또한 현장성을 강화하고자 했다. 경제 기사는 경제 현실을 보기 위한 도구다. 경제학을 공부하기 위한 교재가 아니다. 하지만 경제 기사를 통해서 구체적으로 바라보면 현실이 조금 더 명료하게 보인다. 특정 기사에 쓰인 개념이 왜 잘못되었는지, 논리에 어떤 문제가 있는지 구체적으로 지적하고자 노력했다.

마지막으로 기존의 상식처럼 통용되는 편견에 빠지지 않으려 노력했다. 종종 통계 데이터가 현실을 반영하지 못한다고 한다. 그러나 오히려 통계 데이터는 체감과 다를 때 존재 이유가 있다. 체감만으로 파악하기 어려운 세상을 해석하고자 통계가 존재한다. 물론 통계의 한계를 정확히 인지해야 하는 것은 기본이다.

우리는 기사에 많은 영향을 받을 수밖에 없다. 경제 기사처럼 추상성이 높은 기사는 더욱 그렇다. 그 한계를 아는 것이 중요하다. 이 책은 언론 밖의 경제적 실체를 알 수 있게 하는 〈매트릭스〉의 '빨간 약'이 아니다. 내가 어떤 창을 통해 세상을 바라보고 있는지 구체적으로 인식하게 하는 것으로 충분하다. 이를 위해 저 창은 먼지가 낀 동쪽 창인지, 아니면 붉은색 필터가 있는 볼록렌즈인지를 정확한 개념을 통해 설명하고자 했다.

많은 사람의 노력이 아니었으면 이 책은 나오지 못했다. 특히 황지희 작가, 장슬기 기자, 그리고 사랑하는 내 가족에게 특별한 감사를 보낸다. 또한 급변하는 언론 현장에서 묵묵히 사명을 다하고자 노력하는 모든 기자와 편집자에게 연대와 응원의 목소리를 보탠다. 무엇보다도 이 책에 언급된 기사를 작성한 기자들께 해량을 바라며, 진심을 담은 감사 인사를 드린다. 아무리 좋은 기사도 비판과 비평의 대상이 될 수 있다는 사실을 널리 이해해 주기를 간곡히 요청드린다.

2022년 11월
이상민

차례

3부 해마다 보는 '예산 기사' 제대로 읽기

1부

뻔한 기사 속지 않고 읽는 법

1

용어의 정확한 뜻을 파악하자

경제 기사에는 줄임말에 따른 오해가 자주 생긴다. 〈중앙일보〉는 2020년 1월 6일 "종부세 늘리고 1년 미만 보유 주택엔 양도세 징벌 과세 검토"라는 제목의 기사를 통해 정부의 양도세 인상을 비판했다. 비판의 요지는 "문재인 정부는 출범 이후 '보유세 인상(종부세·재산세), 거래세(양도소득세, 취득세) 인하'와 같은 원칙을 여러 차례 밝혔다. ……하지만 이런 원칙은 유야무야되고 있다"는 것이다.

모든 경제 정책에는 장단점이 있다. 양도세 인상에도 장단점이 있다. 그러므로 이 언론사는 칭찬하고 저 언론사는 비판하는 것은 언론의 다양성 측면에서 바람직하다. 그러나 비판의 핵심 근거가 되는 팩트가 잘못되었다면 문제다. 〈중앙일보〉는 양도세를 취득세와 같은 거래세로 표현했다. 취득세가 취득(매입)이라는 거래에 발생하는 세금이고 양도세가 양도(매각)라는 거래에 부과되는 세금이라면, 양도세는 거래세가 맞다. 그러나 양도세는 거래세가 아니다.

양도세의 본말(풀네임)은 '양도소득세'다. 양도세라는 줄임말만 보면 양도할 때 부과되는 세금처럼 느껴지지만, 양도'소득세'라는 본말을 들으면 거래세가 아닌 소득세의 하나라는 느낌이 전달된다. 근로소득세, 사업소득세는 근로나 사업으로 생긴 소득에 세금을 매기는 소득세의 일종이다. 사업에서 매출이 아무리 커도 비용이 많아 소득이 없다면 세금은 없다. 양도소득세도 마찬가지다. 아무리 비싼 주택을 양도해도 양도 차익 소득이 발생하지 않으면 세금은 없다. 그러나 판매 가격이 구매 가격보다 높아 양도소득(양도 차익)이 발생했다면 발생한 소득에 소득세를 부과한다. 취득세처럼 거래 단계에서 일괄적으로 부과하는 거래세가 아니다.

과세의 제1원칙은 '소득이 있는 곳에 세금이 있다'이다. 근로소득이나 사업소득 또는 이자소득이 생기면 세금이 부과된다. 마찬가지로 부동산 매매 과정에서 소득이 생겼다면, 그 발생한 양도소득에 세금을 부과하는 것은 당연하다.

양도세 강화는 거래세 강화가 아니다. 그러므로 양도세 인상이 '보유세(재산세처럼 해마다 보유 단계에서 내는 세금) 인상, 거래세 인하'라는 정부의 부동산 정책에 어긋난다는 〈중앙일보〉의 논리는 잘못이다.

양도소득세 강화 여부는 다양한 정책 선택의 영역이다. 2020년 현재 1세대1주택은 양도소득세를 부과하지 않는 '비과세'가 원칙이다. 1세대1주택 요건을 채우면 양도할 때 소득(양도 차익)이 발생해도 세금을 매기지 않는다. 고가 주택(12억 원)의 경우, 고가 주택 기준 초과분에서 생긴 양도 차익에만 과세한다. 즉, 1세대1주택자가 6억 원에 산 주택을 12억 원에 팔아도 단 한 푼의 양도소득세를 내지 않는다. 그러나 근로소득으로 6억 원을 벌었다면 수천만 원의 세금을 내야 한다.

부동산 가격이 급등하는 상황이라면 양도소득세를 더 올리자는(중과세) 주장은 타당한 측면이 있다. 양도소득세율을 올리면 부동산 수요가 줄어들면서 가격이 떨어질 수 있기 때문이다. 또한 양도소득세를 중과세하면 거래가 줄어드는 '동결 효과'가 나타날 수 있다는 지적도 합리적인 측면이 있다. 부동산을 팔고 싶어도 양도소득세가 무서워서 팔지 못한다. 물론 거래가 줄어들면 효율성이 감소하고 오히려 가격이 오를 수도 있다. 이처럼 양도소득세 인상 주장도 타당한 측면이 있고, 양도소득세를 지나치게 인상하지 말자는 주장도 합리적인 측면이 있다. 그러나 양도소득세가 거래세이기 때문에 낮춰야 한다는 주장은 확실히 잘못되었다.

다양한 주장을 하더라도 그 근거는 정확해야 한다. 어떤 주장의 첫 번째 출발점은 용어의 정확한 뜻을 파악하는 것이다. 틀린 용어를 통한 주장은 잘못이다. 경제 뉴스에서 줄임말을 보면 최소한 본말이 무엇인지 정도는 생각해보자.

세금

세금이란 나라 살림에 필요한 공동 경비를 부담하는 행위다. 국가는 국방, 치안, 행정, 교육, 복지, 도로 건설 등의 서비스를 국민에게 제공한다. 이런 서비스에는 돈이 든다. 국민이 나라 살림에 필요한 돈을 국가에 내면, 국가는 그 돈으로 각종 행정 서비스를 국민에게 제공한다. 즉 국가는 '공동 구매(공구)' 사업자이며, 그 공구에 참여하고자 내는 비용이 바로 세금이다.

다만 서비스 이용량만큼 비용을 부담하지 않는다는 점이 공구와 다르다. 소득이 높거나 재산이 많으면 더 큰 비용을 부담하는 구조다. 쉽게 말해 여러 명이 식당에서 밥을 먹고 1/n로 밥값을 부담하지 않고 이렇게 말할 수 있다.

"연봉 1억 원이 넘는 사람은 3만 원, 나머지는 1만 원, 학생은 열외."

이렇게 소득이나 재산에 따라 차등적으로 공구 비용을 마련하는 것이 세금이다.

2

1인당 OOO원 기사에 속지 말자

제21대 국회의원의 1인당 재산은 28억 원이다. 제19대 국회의원의 1인당 재산은 무려 96억 원이었다. 이 사실들의 결론은 '제21대 국회의원은 검소해졌다'일까? 물론 그렇지 않다. 정답은 '정몽준 의원이 제21대에는 입성하지 않았다'이다. 정몽준 의원의 재산은 약 2조 원이다. 2조 원을 국회의원 300명으로 나누면 약 67억 원이다. 정몽준 의원 한 명이 평균 재산을 올려놨기 때문에 국회의원 1인당 재산 96억 원이라는 숫자는 정보로서 별 가치가 없다. 1인당 숫자를 산출하는 데 주의해야 할 이유다.

재정 관련 숫자가 나오면 많은 언론은 1인당 숫자를 산출하고픈 유혹을 느낀다. 감이 잡히지 않을 정도로 숫자가 크기 때문이다. 2023년도 예산안에 따르면, 국세가 400조 원, 국가채무가

1,100조 원이다. 아무런 감흥이 없는 숫자다. 수백조 원을 별 설명 없이 제시하면, 독자들은 '그래서 어쩌라고'라고 여길 수 있다. 국세 400조 원이 적은 건지, 국가채무 1,100조 원이 많은 건지 감을 잡기 어렵다. 이때 빠지기 쉬운 유혹이 1인당으로 산출해보는 것이다. 수백조 원의 큰 숫자도 인구 5,000만 명으로 나누면 우리가 실감할 수 있는 숫자로 바뀐다.

매년 세입 예산을 발표할 때마다 나오는 기사가 있다. 1인당 세금 부담액이 수백만 원이라는 기사다. 어떤 기사는 1인당 세금 부담액을 "국민 한 사람당 짊어지는 세금 부담"이라고 표현한다. 그런데 이것은 팩트가 아니다. 우리나라 세수는 우리나라 국민만 부담하지 않는다. 우리나라 국민이 외국에서 세금을 내기도 하고 외국인이 우리나라에서 세금을 내기도 한다. 특히 법인이 내는 법인세는 100조 원이 넘는다. 분자는 '외국인+법인'인데 분모는 '우리나라 주민등록 인구'다. 논리적으로 맞지 않는다.

'정몽준 재산의 오류'도 발생한다. 어차피 우리나라 근로소득자의 약 40%는 소득세를 한 푼도 내지 않는다. 종합소득세 상위 1%가 전체 종합소득세액의 50%를 넘게 낸다. 이런 상황에서 1인당 세수가 무슨 의미가 있을까?

'1인당 채무'라는 개념은 더 기묘하다. 기사를 보면, 국가채무를 국민 수로 나눠 1인당 채무액을 산정한 것 같다. 그런데 국가가 채무자라면 채권자는 누굴까? 국채(나라가 발행한 빚)를 구매한 국민이다. 대한민국 국채 채권자의 80%는 대한민국 국민이다. 채권자를 포함한 대한민국 국민 수로 채무액을 나눠 산출하는 1인당 채무가 도대체 무슨 의미가 있을까?

저출산 예산 관련 기사도 눈길을 끈다. '지난해 저출산 대책으로 45조 695억 원의 예산을 쏟아부었는데, 이를 작년 출생아 수(27만 5,815명)로 나눠보면 신생아 한 명당 1억 6,000만 원 예산이 들어간 셈'(〈조선일보〉, 2021. 1. 5)이라고 한다. 이것은 저출산 예산을 오해한 결과다. 저출산고령화위원회가 집계한 45조 원의 저출산 예산은 저출산을 막고자 추가로 쏟아부은 예산만을 뜻하지 않는다. 아동, 청소년, 교육 등 관련 간접 예산을 중복 집계한 예산이다. 저출산만을 위해 지출하는 '저출산 대응 및 인구 정책 지원' 프로그램에 속한 사업의 합계는 2020년 2조 4,000억 원에 불과하다. 아동 수당 2조 3,000억 원, 모자보건사업 330억 원 등만이 출산율을 높이려는 목적으로 지출하는 직접 예산이다. 나머지 40조 원이 넘는 예산은 다른 별도의 목적(프로그램)에 따라 지출하는 예산을 저출산 관련 예산으로 중복 집계한 것이다. 예를 들어 아동 학대 예방 사업은 '아동 보호 및 복지 강화' 프로그램에 속한다. 이런 사업들도 저출산고령화위원회에서 저출산 관련 예산으로 중복 집계해서 45조 원까지 불어났다.

따라서 저출산 예산이 1인당 1억6,000만 원 들어갔다면서, 그 돈을 쓰고도 출산율이 하락했다는 비판은 합리적이지 못하다. 출산율을 직접적으로 높이지 못한다 하더라도 육아휴직 등 성평등한 일터는 만들어야 하고, 아동 학대는 예방해야 한다.

1인당 세수, 1인당 국가채무와 같은 기사는 큰 의미가 없다. 앞으로는 1인당 000원과 같은 기사를 보면 한 번 더 생각하자. '국민 1인당 일곱 색깔 무지개'처럼 허무한 기사일 수도 있다.

핵심 용어
....
평균과 중위값 그리고 예외값

평균과 중위값은 다르다. 김가난은 1만 원, 이부족은 2만 원, 박보통은 3만 원, 최부자는 4만 원, 정재벌은 100만 원이 있다고 하자. 5명의 재산 합계는 110만 원이다. 그러면 1인당 평균 재산은 22만 원이다. 박보통은 자신이 보통인 줄 알았는데 평균 재산 22만 원에 훨씬 못 미친다. 최부자조차 평균에 크게 미달한다.

이것이 평균의 함정이다. 이럴 때 중위값이 경제적 실질을 잘 설명할 수 있다. 중위값은 말 그대로 가운데 있는 사람의 값이다. 여기서는 박보통이 중위 자산가이며, 중위값은 3만 원이다.

평균값 22만 원과 큰 차이가 생기는 이유는 정재벌의 재산이 지나치게 많기 때문이다. 정재벌의 재산처럼 다른 통계 수치와 크게 차이 나는 수치를 예외값 또는 아웃라이어(outlier)라고 한다. 예외값이 지나치게 평균값을 높이거나 낮출 때는 통계 목적에 따라 예외값을 빼고 평균을 내기도 한다. 정재벌을 제외하고 평균을 내면 2만5,000원이다. 중위값 3만 원과 비슷해진다.

3

그래프 간격이 지나치게 벌어지면
일단 의심하라

'틀린 그림 찾기'라는 게임이 있다. '다른 그림 찾기'의 오기로 보인다. 다른 그림이 아니라 정말 잘못된, 틀린 그림을 한 번 찾아보자.

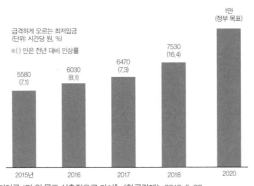

급격하게 오르는 최저임금
(단위: 시간당 원, %)
※( ) 안은 전년 대비 인상률

5580 (7.1) 6030 (8.1) 6470 (7.3) 7530 (16.4) 1만 (정부 목표)
2015년 2016 2017 2018 2020

• "김동연 최저임금 1만 원 목표 신축적으로 가야", 〈한국경제〉, 2018. 5. 23.

〈한국경제〉의 2018년 기사에 삽입된 최저임금 인상 그래프다. 2020년 최저임금 1만 원 목표가 얼마나 가파른지를 보여주고 있다. 그런데 무언가 이상하다. 2019년이 빠졌다. 2019년을 집어넣고 간격을 늘리면 2020년 최저임금 목표치는 좀 더 완만해질 것이다.

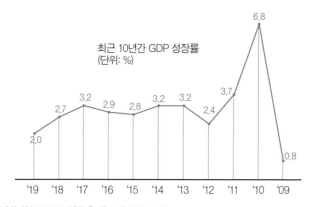

최근 10년간 GDP 성장률
(단위: %)

• "재정 쏟아붓고도 2.0% 턱걸이", 〈뉴스1〉, 2020. 1. 23.

다음 틀린 그림을 찾아보자. 〈뉴스1〉의 2020년 기사에 삽입된 GDP 성장률 그래프다. 무언가 급격히 떨어진 것 같지만 연도를 보니 좀 이상하다. 우리는 왼쪽에서 오른쪽으로 진행하는 것을 자연스럽게 느낀다. 왼쪽으로 가는 슈퍼마리오를 상상해보라. 얼마나 답답할까. 독자들의 항의로 현재는 그래프 방향이 바뀌었다. 다만 〈뉴스1〉 그래프를 인용한 〈동아일보〉 등 기사에서는 저 그래프가 그대로 있다.

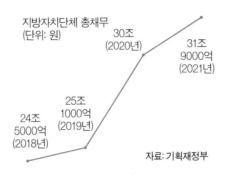

지방자치단체 총채무
(단위: 원)

30조
(2020년)

31조
9000억
(2021년)

25조
1000억
(2019년)

24조
5000억
(2018년)

자료: 기획재정부

• "재난지원금 앞다퉈 뿌리더니 지자체 빚더미 오른다", 〈한국경제〉, 2020. 9. 7.

자, 위 그래프에서 틀린 그림을 찾아보자. 〈한국경제〉 2020
년 기사다. 지방자치단체 총채무가 2019년 25조 원, 2020년 30조
원에서 2021년 31조9,000억 원이 되었다. 2021년에는 전년보다
1조9,000억 원(6%) 늘었다. 그런데 그래프 경사가 지나치게 가파
르다. 그래프의 기울기가 실제 증감률을 반영하지 못한다.

이 그래프는 내용적인 문제가 더 크다. 코로나19로 인해 적
극적 재정 역할이 중요했던 2020년에도 지방정부 관리 채무 비
율(세입 결산액 대비 총채무 비율)은 지속해서 떨어졌다. 채무 증가
속도보다 세입 증가 폭이 더 크다는 뜻이다. 특히 지방정부 채무
의 상당 부분은(약 2/3) 지역개발기금채권 형태다. 이는 자동차

등을 살 때 주민이 의무적으로 매입해야 하는 채권이다. 주민은 강제로 저리의 채권을 사야 해서 손해를 보지만, 지자체는 저리로 자금을 조달할 수 있어서 그만큼 이득이다. 지역개발기금채권을 많이 발행할수록 지자체의 총부채가 늘어나지만, 재정수입 또한 늘어난다. 다시 말해 부채는 증가하지만, 재정은 건전해진다. 그래서 총부채 증가만으로 지자체 재정을 부정적으로 평가하는 것은 옳지 않다. 총채무의 절대 액수보다 세입 결산액 대비 총채무 비율(관리 채무 비율)이 더 중요하다.

오늘의 틀린 그림 장원이 등장할 차례다. 2022년 2월 17일 〈연합뉴스〉의 2021년 재정 적자 결과를 다룬 기사에 삽입된 그래픽이다. 총지출이 역대 최대가 되어서 재정 건전성이 크게 훼손되었다는 느낌이다.

• "작년 재정 적자 30조 원 증대", 〈연합뉴스〉, 2022. 2. 17.

그러나 실제 2021년 총수입 그래프는 총지출을 가파르게 추격하는 모양새다. 허리를 꺾고 좌절하고 있는 총지출 그래프와 달리 실제 총수입은 고개를 빳빳이 들고 있다. 조만간 총지출을 다시 앞지를 것 같다. 2021년도 총지출은 9.3% 증가했지만 총수입은 19.2% 증가했기 때문이다.

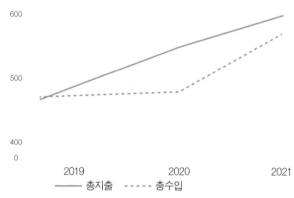

• 실제 결산상 총수입, 총지출 그래프(이상민).

〈연합뉴스〉 그래픽은 개념도 완전히 잘못되었다. 그래픽에 삽입된 단어는 "세입", "세출"이다. 2021년 우리나라 중앙정부 세입은 524조2,000억 원이고 세출은 496조9,000억 원이다. 그래픽과 달리 세입이 세출보다 오히려 27조3,000억 원 더 많다. 세입과 총수입, 세출과 총지출은 다른 개념이다. 세입과 세출에는 기금이 빠지고 이전 수입(국채 수입 등 내부 거래)이 포함된다.

이 기사는 여러 문제점이 있다. 첫째, 2021년에는 총수입 증가율이 총지출 증가율보다 더 크다. 재정 적자 규모가 -71조 원에서 -30조 원으로 큰 폭 줄어들었다. 그러나 기사는 총지출이 "역대 최대"라며 재정 적자가 크게 벌어진 것처럼 썼다. 물론 총수입은 '울트라 역대 최대'다. 둘째, 세입 증가는 정체하고 세출은 폭증하는 잘못된 그래픽으로 표현했다. 셋째, 총수입, 총지출을 다루는 그래픽에 세입, 세출이라는 다른 개념을 등장시켜 혼란을 일으켰다.

최근 언론 그래픽을 보면 형형색색의 예쁜 그래프가 등장한다. 그러나 예쁜 그래프보다 정확한 그래프가 중요한 것은 물론이다. 그래프의 선(막대) 간격이 지나치게 벌어지면 일단 의심하자. 그래프 모양뿐만 아니라 숫자도 보자.

핵심 용어
....
총지출

총지출은 기획재정부(기재부)가 우리나라 정부 지출 규모를 산정하는 기본 단위다.

2022년도 우리나라 중앙정부 예산 규모를 언론에서 검색하면 607조7,000억 원이라고 나온다. 엄밀하게 말하면 모두 틀린 기사다. 607조7,000억 원은 우리나라 예산 규모가 아니라 총지출 규모다. '예산'의 사전적 정의는 일반회계와 특별회계의 합이며 기금 지출을 제외한다. 그러나 "우리나라 예산이 얼마지?"라는 질문은 보통 우리나라 정부의 전체 지출 규모를 물어보는 것이다. 굳이 우리나라 정부가 지출하는 돈 중에서 일반회계와 특별회계 지출만을 포함하고 기금 지출을 뺀 금액이 궁금하지는 않기 때문이다. 따라서 우리나라 예산이 전년보다 10% 늘었다는 기사, 올해 우리나라 정부 예산 규모는 607조7,000억 원이라는 기사는 총지출 규모와 예산 규모를 혼동해 잘못 표현한 기사일 확률이 매우 높다.

기획재정부는 우리나라 정부 지출의 전체 규모를 파악하는 데 '총지출'이라는 개념을 사용한다. 우리나라 중앙정부 지출이 전년보다 10% 늘었다는 기사를 보면 총지출 규모가 10% 늘었다고 이해하면 된다.

4

바이라인부터 읽어라

기사를 보는 세 부류 방식이 있다. 하수는 내용을 본다. 중수는 출처를 본다. 선수는 바이라인(by-line, 작성자)을 본다.

2020년 1월 취업자 수가 발표되었다. 똑같은 통계자료를 가지고 긍정적인 뉴스도 나오고 부정적인 뉴스도 나온다. "취업자 증가 5년 만에 최고"라는 긍정적 뉴스를 보고 고용자가 많이 늘었다고 생각하면 하수다. 반면 "정부 노인 일자리가 만든 고용 대박"이라는 뉴스를 보고 부정적으로 생각해도 역시 하수다. 중수는 기사를 읽다가 미심쩍으면 통계청 홈페이지를 찾는다. 중수가 기사에서 취하는 정보는 통계청이 1월 고용 동향을 발표했다는 것이면 충분하다.

선수(업계에 있는 사람)는 읽다가 기사가 이상하거나 좋으면 바이라인을 본다. '역시 저 기자는 글을 참 잘 써'라며 감탄하거나 '○○가 그렇지 뭐'라고 힐난한다. 훌륭한 기자 또는 엉터리 기자를 대라고 하면 떠오르는 이름을 줄줄이 댈 수 있다. 내가 본 최악의 바이라인을 실명 공개하고자 한다.

바로 온라인 뉴스팀, 디지털 뉴스팀, 인터넷 뉴스팀, 온라인 뉴스부 등이다. 바이라인에 기사를 작성한 기자 실명이 아니라, 무슨무슨 팀이라는 베일에 싸인 조직이 있다. 이들은 질보다 양으로 경쟁한다. 네이버 뉴스 검색에서 '온라인 뉴스팀'으로 찾으면 최근 일주일간 무려 291건의 기사나 튀어나온다. '온라인 뉴스부'는 58건, '디지털 뉴스팀'은 52건, '인터넷 뉴스팀'은 26건의 기사를 쏟아냈다.

왜 이들은 몰려다니면서 팀으로 움직일까? 기자의 자긍심은 자기 이름을 바이라인에 넣는 것이다. 좋은 기사에 자기 이름을 넣으면 세상을 다 가진 것처럼 뿌듯하다가도, 자신 없는 기사에 이름이 들어가면 한없이 부끄럽다. 이러한 자부심과 부끄러움이 기자에게 최고의 당근과 채찍이 된다. 호부호형을 못하는 홍길동도 자기 이름은 사용할 수 있었다. 그런데 자기 이름도 쓰지 못하고 집단의 이름을 공유해야 하는, 홍길동보다 더 슬픈 사연은 무엇 때문일까? 둘 중 하나다. 클릭 장사를 위한 '우라까이(취재 없이 다른 기사를 베끼는 언론계 은어)' 아니면, 기사 형식의 광고성 지면을 채우기 위함이다.

예를 들어보자. 2020년 6월 15일 뉴스 검색창에 '온라인 뉴스팀'으로 검색하면 상위에 뜨는 기사들이 있다. 첫 번째와 두 번째는 바이라인이 온라인 뉴스팀인 〈SBS CNBC〉 기사와 〈MBN〉 기사다. 한 패션 회사가 좋은 서비스를 제공할 것이라는 뉴스다. 또한 어떤 유통 업체가 특정 쇼핑몰에서 마스크를 판매한다는 뉴스다. 광고인지 뉴스인지 구별이 안 된다. 차마 기자 이름을 바이라인에 쓰기 멋쩍다. 이럴 때 쓰는 방식이 바로 '온라인 뉴스팀'이다.

세 번째, 네 번째, 다섯 번째는 각각 〈SBS CNBC〉, 〈스포츠경향〉, 〈스포츠동아〉 기사다. 민주당이 임미리 교수 고발을 취하했다는 기사, 코로나19 관련 기사, 그리고 열애에 빠진 연예인 소식이다. 이 기사들 모두 뉴스 검색어 순위에 오른 검색어를 담고 있다. 눈치 빠른 독자는 짐작이 가능하다. 실시간 검색(실검)에 '임미리'가 뜨고 '임미리'라는 검색어로 클릭이 들어온다. 재빨리 '임미리'라는 검색어에 걸리는 뉴스가 필요하다. 취재 따위는 필요 없다. 아니 시간이 없다. 빨리 다른 기사들을 적당히 우라까이해서 포털에 노출시켜야 한다.

당시 '코로나'는 가장 핫한 검색어 가운데 하나였다. 코로나 검색어의 유입을 포기할 수 없으니 수시로 새로운 기사를 생산

해내야 한다. 누가? 온라인 뉴스팀이. 왜 온라인 뉴스팀이 해야 할까? 만약 바이라인에 실명이 나가면, 기자 한 명이 하루에 10개 이상의 기사를 생산해낸다는 지나치게 높은 생산성이 공개된다. 몇 명이 한 팀인지 알 수 없게끔 '조직'이 필요하다. 그리고 연예인의 열애 소식은 놓칠 수 없는 검색어다.

바쁜 세상에 중수가 되기는 어렵다. 언제 출처를 확인하고 로데이터(raw data, 미가공 자료)를 분석할까? 그러나 선수가 되기는 쉽다. 기사 읽기 전에 쓱 하고 바이라인을 한 번 쳐다보자. 만일 기자 실명이 아니라 무슨무슨 팀이라면 더는 읽지 말고 믿고 거르자. 그러면 이 글을 보느라 뺏긴 시간 이상을 보상받을 수 있다.

핵심용어

고용률과 취업률

고용률은 생산 가능 인구(경제활동 가능 인구, 15세 이상 인구) 중 취업자 비율을 뜻한다. 즉 전체 인구 중에서 취업한 사람의 비율이 아니라, 15세 이상 인구 중에서 취업자 비율을 나타낸다.

취업률은 생산 가능 인구 중 경제활동 참가 의사가 있는 인구 중 취업자 비율을 나타낸다. 즉 생산 가능한 전체 인구(15세 이상 인구) 중에서 취업한 사람의 비율이 아니라, 경제활동 참가 의사가 있는 사람 중에서 취업자 비율을 뜻한다.

5

개념이 정확히 쓰였는지 확인하라

기자는 기사를 쓸 때 항상 고민하는 것이 있다. 용어 설명을 어디까지 해야 하느냐다. 용어란 매우 효율적인 도구다. 한 문장 또는 한 문단으로 설명해야 할 내용을 한 단어로 표현할 수 있다. 용어를 쓰면 짧은 기사에서도 내용을 명료하고 정확하게 설명할 수 있다. 문제는 '그 용어를 과연 독자들이 알고 있을까?'이다. 아는 독자라면 참 효율적인 수단이지만, 모르는 독자에겐 기사 읽기의 문턱이 된다. 그렇다고 용어를 설명하자니 문장이 길어진다. 무엇보다 기사의 긴장감이 떨어져서 재미가 없어진다.

기사에서 모든 용어와 개념을 다 설명할 수는 없다. 그래서 개념을 잘 모르는 독자라도 기사를 읽다 보면 저절로 짐작할 수 있게끔 기사를 쓰곤 한다. 이 과정에서 문제가 발생한다. 꼭 설명해야 할 개념과 그렇지 않은 개념을 가려내기가 쉽지 않다. 아니, 기자 자신도 잘 모르는 개념이 많다. 문제는 자기가 정확한 개념을 모르고 있다는 것을 모르고 쓸 때 발생한다. 일상용어와 형태가 비슷한 전문용어가 특히 그렇다. 전문용어의 언어적 형태만 보고 내가 잘 알고 있는 일상용어처럼 사용할 때 문제가 생긴다.

예를 들어보자. 거의 모든 언론이 자주 쓰는 '개발 이익'이 있다. 대장동 사건(이재명 전 성남시장이 성남시 대장동을 개발하는 과정에서 민간건설사가 지나치게 많은 이익을 가져갔다는 사건) 이후 개발 이익을 어디까지 환수해야 하는지가 국민적 관심사로 떠올랐다. 개발 이익을 50% 환수해야 할지, 100% 환수해야 할지 논쟁이 일고 있다. 개발 이익을 특정 민간인이 독식하는 것은 잘못된 것 같다. 그렇다고 100% 환수하면 누가 사업을 할까 싶기도 하다. 그래서 개발이익을 60%만 환수하자고 주장하는 정치인도 있다.

그런데 이러한 논쟁에는 근본적인 질문이 빠져 있다. 도대체 개발 이익이란 무엇일까? 몇몇 언론에서 토지 등을 개발해서 생기는 이익이라고 뭉뚱그려 말하는데 안타깝게도 그렇지 않다. 개발 이익과 관련한 법적 정의는 개발이익환수법에 잘 나와 있다. 개발 이익이란 개발 사업을 통해 정상지가 상승분을 초과한 이득을 말한다. 예를 들어보자. 내가 토지를 개발해서 5억 원짜리 토지가 10억 원이 됐다. 그렇다고 5억 원이 개발 이익이 아니다. 정상지가 상승분이 만약 1억 원이라면 개발 이익에서 최소한 1억 원을 빼야 한다. 하지만 정상지가 상승분을 뺀 4억 원도 개발 이익이 아니다. 내가 토지를 개발한 것은 개발 사업의 정의에 해당하지 않기 때문이다. 결국 여기서 개발 이익은 한 푼도 존재하지 않는다. 개발이익환수법에 따르면, 개발 사업이란 국가나 지자체의 인가, 허가, 면허 등을 통해 시행하는 사업이다. 그러므로 토지 소유자의 투자에 의한 지가 증가는 개발 이익이 아니다.

정리하면, 개발 이익이란 "① 토지 소유자 자신의 노력 없이 ② 국가나 지자체의 지목 변경 등 개발 사업으로 상승한 이익 중 ③ 정상적인 지가 상승을 초과한 상승분"으로 정의할 수 있다(국토연구원, 〈토지에 대한 개발이익환수제도의 개편 방안〉). 즉 국가나 지자체의 지목 변경 등으로 생긴 이득 중 정상지가 상승을 뺀 이익이 개발 이익이다. 대부분의 개발 이익은 지자체가 지목 변경을 승인할 때 발생한다. 예를 들면, 지목이 '임야'인 땅을 지자체가 '대지'로 바꾸면서 얻는 지가 상승분이 개발 이익이다.

아무리 광의로 해석해도 토지 소유자의 투자에 의한 토지 가치 증가는 개발 이익이 아니다. 내가 토지를 개발해서 5억 원 토지가 10억 원이 됐다면 개발 이익은 5억 원도 4억 원도 아닌 0원이다. 개발 이익을 50% 환수할지 100% 환수할지에 관한 논쟁은 개발 이익이 무엇인지부터 명확하게 정의한 이후의 일이다.

기사의 기본은 정확한 개념을 통해서 쉽고 정확하게 내용을 설명하는 것이다. 독자도 기사에 나오는 개념이 정확히 쓰였는지 확인하는 습관이 필요하다.

지가와 호가

부동산 가격은 기준에 따라 다양하게 산출할 수 있다. 가장 명확한 개념은 실거래가다. 실거래가는 말 그대로 실제로 거래된 가격이다. 매수자(사는 사람)와 매도자(파는 사람)가 실제로 거래한 가격이다. 부동산 거래에 따라 발생하는 취득세와 양도소득세는 실거래가 기준으로 세금을 낸다. 보통 집값이라고 하면 대부분 실거래가를 뜻한다.

부동산 거래가 존재하지 않으면 실거래가도 존재하지 않는다. 그러나 재산세, 종합부동산세(종부세), 국민건강보험료 등 각종 복지 제도를 운용하고자, 보유한 부동산 가격을 산정할 필요가 있다. 이때 실거래가와 부동산 입지 등을 고려해 정부가 매년 가격을 공시하는데, 이를 공시지가라고 한다. 공시지가는 보통 실거래가보다 낮다. 2022년 현재 공시 가격 현실화율은 약 70%가량 된다. 즉 시가 10억 원 정도 토지의 공시 가격은 약 7억 원 정도에 머문다.

지가와 별도로 호가도 있다. 호가는 주로 매도자가 시장에 내놓은 가격이다. 팔고 싶은 희망 가격이란 뜻이다. 부동산 가격이 올라간다는 소문이 나면 시장 가격보다 높은 가격에 부동산을 내놓게 된다. 그렇다고 꼭 그 가격에 체결되는 것은 아니다. '어디어디 아파트가 5억 원이 올랐대'라는 과장된 소문이 떠도는 이유가 바로 실거래가보다 높은 호가 때문이다.

6

정부의 보도자료를
그대로 믿으면 안 된다

2023년도 예산안이 발표되었다. 모든 정부는 자신이 편성한 예산안의 장점을 홍보한다. 정부가 장점을 과장하므로 당연히 언론은 검증해야 한다. 언론이 얼마나 검증을 잘하고 있을까? 만약에 못하고 있다면 그 책임 소재를 따져보자. 그러나 책임은 언론에만 있지 않다. 정부에도 있다. 어디까지 언론의 책임이고 어디까지 정부의 책임인지 구분해보자.

첫째, 2023년 예산안 발표에 '사상 최초' 또는 '사상 최대'라는 형용사가 빠진 것은 긍정적 변화다. 경제 규모와 물가는 매년 커지고 오른다. 국가 지출 규모도 매년 커진다. 경제가 역성장할 때도 국가 지출 규모는 오히려 커진다. 2017년 정부는 3.7% 늘어난 예산안을 내놓을 때 정부 재정의 적극적 역할을 강조하고자 "슈퍼 예산"이라는 말을 썼다. 정부가 홍보 문구로 "슈퍼 예산"을 쓰니 3.7% 증가도 슈퍼 예산이 되었다. 마찬가지로 2023년 예산안에 정부가 "건전 재정"이란 말을 쓰니 5.2% 증가도 건전 재정이 된다. 그러나 언론은 정부의 표현을 검증하지 않았다. 그런 점에서 2017년 예산안 보도 당시 언론은 잘못했다. 정부도 잘못이 있지 않냐고? 정부가 자기 정책을 포장하는 형용사 정도는 애교로 봐주자.

둘째, 정부는 2023년 국세 수입이 올해보다 57조 원(16.6%) 늘어난다고 발표했다. "주요 세목 세입 기반 확충", 즉 소득세와 법인세 등에서 세수를 증대시킬 수 있는 정책을 마련한 덕분이란다. 물론 언론은 그대로 썼다. 그러나 이는 사실이 아니다. 2022년 올해 본예산 세수 규모는 잘못되었다. 실제는 본예산 때 예측보다 더 많은 세수가 걷힐 것으로 예상된다. 그래서 정부는 올해 제2차 추가경정예산(추경) 때 53조 원의 초과 세수를 반영했다. 정부는 본예산 세입 추계가 틀렸음을 인정하고 사과까지 했다. 따라서 2023년도 국세 수입 규모는 수정된 규모와 비교하는 것이 원칙과 관행에 맞다. 그런데 정부는 국세 수입이 수정 전 잘못된 세입 예측치보다 16.6% 늘어난다고 주장한다. 잘못이다. 2023년도 국세 수입 증가율은 16.6%가 아니라 1%에 불과하다.

또한 정부는 2023년도 국가채무 비율이 올해보다 0.2%포인트 개선된다고 주장한다. 그러나 추경 기준으로 0.1%포인트 악화한다. 정부의 주장을 검증하지 못한 언론은 물론 책임이 있다. 그러나 올해 본예산 대비 57조 원 늘어난다고 보도자료를 작성한 정부 책임도 절반은 있다. 어울리지 않는 형용사를 쓰는 것은 애교지만, 틀린 숫자를 쓰는 것은 명백한 잘못이다.

셋째, 정부는 2023년 조세 감면에서 고소득자 혜택 비중이 2022년보다 다소 줄어든다고 발표했다. 물론 언론은 그대로 썼다. 이도 사실이 아니다. 정부 발표 자료에 따르면, 고소득자 비율이 2022년(31.6%)보다 2023년에는 31.2%로 다소 줄어들 것으로 보인다. 그러나 고소득자 기준이 바뀌었다. 올해는 5인 이상 사업장 근로자 평균 소득 150% 초과자를 고소득자로 간주했다. 그러나 2023년에는 200%가 넘어야 고소득자다. 고소득자 기준을 높여놨으니 고소득자 비율은 낮아질 수밖에 없다. 나는 고소득자 비율이 줄어들었다는 잘못된 기사에서 언론의 책임은 일부분이라고 생각한다. 정부가 자의적으로 바꾼 통계 기준을 언론에서 검증하는 일은 쉽지 않다. 그러나 성실한 언론이라면 불가능한 것까지는 아니다.

넷째, 정부는 2023년도 "지출 재구조화 사업(정부의 이 표현이 무엇인지 아는 사람은 아무도 없고 정부도 설명하지 않는다)"은 -24조 원이라고 주장한다. 그리고 74조 원을 투자해서 사회적 약자 '4대 핵심 과제'에 지원한다고 한다. 그러나 이는 검증이 불가능하다. 정부는 지출 재구조화 사업 −24조 원의 세부 사업 목록을 발표하지 않는다. 4대 핵심 과제 세부 사업 목록도 발표하지 않는다. 그래서 언론뿐만 아니라 그 누구도 검증할 수 없다. 그렇다고 기사를 안 쓸 수는 없다. 언론 책임 0%, 정부 책임 100%다.

21세기 대한민국은 나름 발전되고 정형화된 예결산 시스템을 갖추고 있다. 예산의 편성, 집행, 결산, 성과 평가, 중장기 계획 등을 통해 국가의 모든 예산 사업이 관리되고 기록되고 평가된다. "전봇대 하나 세우는 데 한 시간이 걸리지만, 그 서류 작성에 하루가 걸린다"는 말이 나올 정도로 지나칠 만큼의 절차를 거치며, 절차마다 기록을 남긴다. 그 기록을 분류하고 평가하는 나름 정형화된 시스템도 갖추고 있다. 이와 관련한 정보 공개 수준 또한 나쁘지 않다. 전전 정부보다 전 정부가, 지난 정부보다 이번 정부의 공개 수준은 더 높다. 꾸준히 발전하고 있다. 좀 과장해서 말하면 '정보의 바다에서 허우적거리다 빠져 죽일 심산일까'란 생각이 들 정도로 예산 관련 자료는 차고 넘친다.

나는 꿈이 있다. 정부가 정책을 발표하거나 설명할 때 이미 존재하는 예산 세부 사업명을 그대로 빌려서 설명하는 것이다. 위에서 말한 것처럼 21세기 대한민국에는 훌륭한 예결산 시스템이 마련되어 있다. 그러나 정부 정책이 이 시스템에 존재하는 세부 사업명으로 발표되는 일은 매우 드물다. 몇몇 세부 사업을 묶어서 새로운 정책인 양 새로운 이름을 붙인다. 하나의 세부 사업을 여러 개로 나눠 새로운 이름을 붙이기도 한다. 훌륭한 예결산 시스템을 만들어 놓고 실제 정책에는 사용하지 않는 것이다. 이는 최첨단 고속철도 레일을 깔아놓고 그 위에서 우마차가 달리는 꼴이다.

정부가 작성하는 모든 정책 보도자료에는 반드시 표 두 개가 포함되어야 한다. 하나는 정확한 예산 세부 사업명으로 표현된 예산 증감액 목록이고, 또 하나는 법·시행령·시행 규칙·지침 등 신구 대조표다. 길게 잘 쓴 정책 설명서보다 이 표 두 개만 있으면 정부의 정책에 대한 이해도는 비약적으로 높아질 수 있다. 이것이 현재 정파적 편 가르기에 지나지 않는 아레나(Arena, 원형 경기장)를 아고라(Agora, 공론장)로 바꿀 수 있는 손쉬운 방법 아닐까?

핵심 용어
....
예산의 편성, 집행, 결산

예산은 3년 주기로 완성된다. "예산 사이클은 3년"이라고 표현한다. n년도에는 n년도 예산이 집행된다. 그리고 n+1년도 예산이 편성되고 n-1년 예산을 결산한다. 편성-집행-결산까지 3년이 걸린다.

기획재정부가 차년도 예산안 편성 지침을 각 부처에 보내면 실질적인 예산 편성이 시작된다. 각 부처는 기재부에 예산안 요구서를 5월 말까지 보내고 기재부는 이를 검토해서 9월 초 국회에 정부안을 보낸다. 국회의 심의를 마치면 예산안이 예산이 되어 차년도 1월 1일부터 예산 집행이 시작된다. 정부는 국회가 심의한 각 사업별 예산 금액만큼을 그대로 지출하는 것이 원칙이다. 더 써도 안 되고 덜 써도 안 된다.

12월 31일 세입 세출을 마감하고 행정부가 국회가 심의한 대로 집행을 잘했는지 파악한다. 이것이 결산이다.

7

증가율이 올랐거나 떨어졌다는 기사를 그대로 믿지 말자

삼성전자 주가는 올랐을까, 떨어졌을까? 그때그때 다르다. 2021년 11월 22일, 하루 만에 전 거래일보다 5.2% 올랐으니 삼성전자 주가가 크게 올랐다고 표현하면 팩트다. 그러나 지난달보다 떨어졌다는 표현도 맞는다. 마찬가지로 작년보다 올랐다는 분석도 팩트다. 시기를 어떻게 끊느냐에 따라서 폭등과 폭락, 어떻게든 표현할 수 있다. 기간 설정뿐 아니라 주어가 무엇인지에 따라서도 달라진다. 주가가 급등했던 22일, 거래량은 급감했다. 주어가 주가라면 급등이지만 거래량이라면 급감이다.

"IMF, '한국 GDP 대비 국가채무 증가 속도, 35개 선진국 중 1위'"라는 2021년 11월 8일 〈연합뉴스〉 기사가 거의 모든 언론에 인용됐다. IMF가 "나랏빚 증가 속도 한국이 최고"라고 경고했다는 사설로도 확대 재생산됐다. 그러나 IMF(국제통화기금)는 한국이 선진국 중 국가채무 증가 속도가 가장 빠르다는 말을 한 적이 없다. 〈연합뉴스〉가 IMF 자료를 그렇게 해석했을 뿐이다. IMF의 자료를 다른 식으로 해석할 수 있다는 뜻이다. 따라서 제목에 따옴표를 쓴 것은 오보 수준이다. 우리는 초등학교 때 따옴표의 용례를 배운 바 있다. IMF의 말을 그대로 인용하는 것이 아니라면 따옴표를 쓰면 안 된다. 그러나 〈연합뉴스〉를 인용한 60여 개 뉴스는 거의 모두 〈연합뉴스〉의 해석을 IMF가 한 말처럼 제목에 따옴표를 달았다. 굳이 따옴표를 달려면 "연합뉴스, 'IMF 자료를 통해 한국 국가채무 증가 속도 선진국 중 1위라고 해석'"이라고 해야 옳다.

물론 〈연합뉴스〉의 해석에서 팩트는 맞는다. 〈연합뉴스〉는 2021년부터 2026년까지 국가채무 비율 변화를 비교했다. 그 사이 국가채무 비율 증감은 한국이 15.4%포인트로 가장 높다. 다른 선진국은 코로나19가 한창인 2020~2021년에 국채를 엄청나게 발행해서 재정 수지가 대단히 안 좋아졌다. 반면 한국은 상대적으로 양반이다. 즉 선진국들은 2020~2021년에 이미 바닥을 찍어서 이후에는 개선될 수밖에 없다. 반면 한국은 천천히 지출을 늘려가는 중이라 채무 비율이 더 나빠질 수밖에 없다. 실제로 코로나19 직전인 2019년과 2021년 부채 비율 증감을 비교해보자. 한국은 불과 9.2%포인트 나빠졌으나, G20 선진국은 무려 20.1% 포인트나 나빠졌다. 이렇게 선진국은 바닥에서부터 비교하고 한국은 바닥으로 가는 기간을 비교하면 오해의 소지가 크다.

또한 한국은 2026년도 예산안은 물론이고 중기 재정 계획을 발표하지 않았다. 저것은 한국 재정 당국 계획과 상관없는 IMF의 추정치일 뿐이다. 반면 2022년도 예산안은 이미 발표되었다. 그렇다면 코로나19 직전인 2019년 채무 비율과 2022년까지 채무 비율을 비교하는 것은 어떨까? 그동안 한국 채무 비율은 13%포인트 늘어났고 G20 선진국은 17.4%포인트 늘어났다. 비교 대상 선진국 중 한국의 채무 비율이 가장 작은 폭으로 늘어났다.

비교 시점에 따른 변화

	2019 (%)	2020 (%)	2021 (%)	2022 (%)	2023 (%)	2024 (%)	2025 (%)	2026 (%)	19~21 (%p)	연합 뉴스 21~26 (%p)	새로운 제안 19~22 (%p)
G7	118.0	140.2	139.0	135.7	135.8	135.8	135.8	135.8	21.0	-3.2	17.6
G20 선진국	112.8	133.8	132.8	130.2	130.4	130.5	130.5	130.5	20.1	-2.3	17.4
일본	235.4	254.1	256.9	252.3	250.8	251.0	251.3	251.9	21.4	-5.0	16.9
한국	42.1	47.9	51.3	55.1	58.5	61.5	64.2	66.7	9.2	15.4	13.0
영국	85.2	104.5	108.5	107.1	109.4	110.5	111.2	111.6	23.3	3.2	21.9
미국	108.5	133.9	133.3	130.7	131.1	131.7	132.5	133.5	24.8	0.2	22.2

• 〈연합뉴스〉가 인용한 〈IMF 재정 모니터(fiscal monitor)〉 채무 비율 수치(이상민).

재정 건전성을 나타내는 지표는 많다. GDP 대비 채무 비율이 있지만, 재정 수지도 가능하고 국채 이자 지출액 비율도 가능하다. 한국 재정의 지속가능성은 이러한 많은 재정 지표와 각각의 기간별 증감을 모두 고려해서 다층적으로 평가해야 한다.

자, 다시 처음으로 돌아가서 삼성전자 주가는 올랐을까, 떨어졌을까? 어제보단 오르고 지난달보단 떨어졌으며, 작년보다는 올랐다. 한 걸음 더 나아가보자. 주어가 주가라면 어제보다는 올랐지만, 거래량이라면 어제보다 떨어졌다.

요약해보자. 증가율이 올랐거나 떨어졌다는 기사를 보면 그대로 믿지 말자. 기간에 따라, 주어에 따라 달라질 수 있다는 사실을 떠올려야 한다.

핵심 용어

....

증감액과 증감률

증감액은 현재 값에서 과거 값을 뺀 값이다. 증감률은 증감액을 과거 값으로 나눈 값이다. 즉 전년도가 10원, 현재 값이 15원이면 증감액은 15-10=5이며, 증감률은 5/10=0.5이다. 통상적으로 100을 곱한 %로 표현해 50%라고 한다.

증감액은 정확한 절대 금액 변화를 알 수 있다는 장점이 있으나 숫자의 상대적 크기를 반영하지 못한다. 즉 10원이 15원으로 늘거나, 20원이 25원으로 늘어도 증감액은 둘 다 5원이다. 그러나 첫 번째 증감률은 50%이고 두 번째 증감률은 25%((25-20)/20)다.

8

연도별 통계를 인용한 기사의 끊는 시점에 속지 말자

통계를 인용하는 기사를 쓰다 보면 빠지기 쉬운 유혹이 있다. 특정 논리를 만들고자 끊는 시점을 조절하고 싶은 유혹이다. 예를 들어보자. 다음 쪽은 1995년부터 2020년까지 환율 그래프다. 2020년 환율은 올랐을까, 떨어졌을까? 양쪽 기사 모두 가능하다. 2020년 환율은 2019년보다 떨어졌다. 그러나 2017년 기준으로는 올랐다. 최근 3년 동안 평균 환율은 올랐다고 표현하면 팩트는 맞다. 반면 2016년을 기준으로 하면 환율이 떨어지는 추세에 있다고 표현할 수 있다. 2008년부터 보면 환율은 떨어졌지만 2007년 기준으로 보면 큰 폭으로 올랐다.

2021년 6월 22일 "국채 부담 역대 최대…올 이자 상환만 20

조"라는 〈매일경제〉 기사가 있다. 2021년 국채 이자 비용이 20조 원에 이를 전망인데 이는 역대 최대 규모라는 것이다. 2017년부터 국채 이자 지출 규모는 17조 원 안팎이었으나 2021년 부담이 확 늘어난다고 한다. 그럼 2015년, 2016년 국채 이자액은 얼마였을까? 2015년 18조3,000억 원, 2016년 18조 원이다. 2017년도 이전 수치를 보면 이자 비용이 지속해서 증가했다는 느낌이 나지는 않는다.

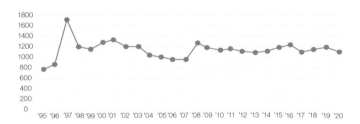

• 1995~2020년 환율 그래프(이상민).

　　한 걸음 더 나아가보자. 경제 규모는 매년 커진다. 국가 예산 규모도 매년 커질 수밖에 없다. 국채와 국가 자산 모두 역대 최대치를 매년 갱신하는 것이 정상이다. 그래서 국채나 국채 이자 같은 재정 수치 제목에 '역대 최대'라는 표현을 넣는 것은 비정상이다. 국채나 국채 이자의 의미를 제대로 파악하고자 한다면 총지출 또는 GDP 대비 비율로 분석하는 것이 정상이다.

그런 의미에서 GDP 대비 국채와 국채 이자 비율을 보자. GDP 대비 국채 비율은 매년 역대 최대치를 갱신하면서 꾸준히 늘어나고 있다. 매년 늘어나는 국채 비율을 보면 상반된 평가가 가능하다. 특히 2020년과 2021년 국채 비율 증가율이 너무 가파르다고 주장할 수 있다. 반면, 코로나19 상황에서 이 정도의 국채 비율 증가는 어쩔 수 없다고 판단할 수도 있다. 언론 다양성 측면에서 두 가지 상반된 논조의 기사는 모두 필요하다.

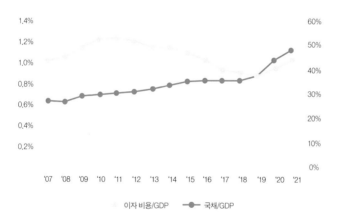

• GDP 대비 국채와 국채 이자 비율(이상민).

그러나 국채 이자 비율 자료는 소제목에서 강조한 "빚투성이 한국"을 뒷받침하지 못한다. 국채 비율은 가파르게 늘어났어도 국채 이자 비율은 10년 전보다 줄어들었기 때문이다. 국채 이자 자료는 오히려 국채를 더 발행할 수 있는 재정 여력이 있다는 상반된 결론을 이끈다.

두 걸음 더 나아가보자. 국채가 많이 늘어나도 국채 이자는 그만큼 늘어나지 않는 이유는 국채 금리가 낮아졌기 때문이다. 국채는 언젠가 꼭 갚아야 할 돈이 아니다. 가정 살림과 국가 재정은 다르다. 가정이 진 빚은 은행이나 다른 사람에게 빌린 돈이다. 언젠가 갚아야 한다. 내가 못 갚으면 자녀가 갚아야 한다. 내 자산을 물려받고 싶다면 말이다. 그러나 국채 대부분(80%)은 외국인이 아니라 대한민국 국민에게 빌린 돈이다. 가정에 비유하자면, 은행 같은 외부에서 빌린 돈은 약 20%에 불과하다. 나머지 80%는 배우자에게 빌려서 생활비로 지출한 돈이다. 즉 국채는 계속 보유하면서 경제 규모가 커지고 인플레이션에 따라 관리할 수 있는 수준을 유지하는 것이 핵심이다. 국채는 적으면 적을수록 좋은 것이 아니다. 적절한 양을 유지하는 것이 좋다.

그러나 국채 이자는 얘기가 다르다. 국채 보유에 따라 매년 현금으로 나가야 하는 돈이다. 갚지 않아도 된다고 해서 국채를 무한정 늘리면 안 된다. 국채 이자 비용이 발생하기 때문이다. 따라서 국채 이자 비율은 국채 보유 정도를 판단하는 좋은 잣대다. 국채 이자 비율만 보면 현재 우리나라의 국채는 관리할 수 있는 수준이다.

다시 강조하지만, 언론의 생명은 다양성이다. 재정 건전성을 강조하는 기사, 재정의 적극적 역할을 요구하는 기사 모두 필요하다. 저출생 고령화 사회를 대비하고자 국채 비율을 낮춰야 한다는 논리라면 재정 건전성을 강조하는 기사로써 손색이 없다. 그러나 국채 이자 비용이 "역대 최대"이기 때문에 "빚투성이 한국"이라는 논리는 매우 어색하다. 국채 이자 비율만 보면 오히려 한국의 국채 수준을 더 높여도 된다는 결론으로 해석하는 것이 옳다.

의도했던 논리와 반대되는 결론의 근거 자료로 "빚투성이 한국"을 강조할 수 있었던 원동력은 통계 시점을 2017년부터 끊었기 때문이다. 연도별 통계를 인용한 기사를 쓸 때 기자는 유리한 구간만 끊어서 제시하고픈 유혹을 이겨내야 한다. 그리고 독자는 기사에서 제시한 연도의 바깥세상도 있다는 사실을 항상 유념하자.

환율

환율은 돈의 값이다. 달러라는 돈, 원화라는 돈의 상대적 가치를 환율이라고 한다.

보통 원/달러 환율을 통해 우리나라 돈의 가치를 판단한다. 원/달러 환율이 1,200원이라는 말은 1달러=1,200원이란 뜻이다. 만약 환율이 1,300원이 되면 '환율이 올랐다'고 표현한다. 1,200원짜리가 1,300원이 되었으니 '올랐다'는 표현은 너무나 당연하다.

'원/달러 환율이 올랐다'는 말은 원화 가치가 떨어졌다는 뜻이다. 과거에는 1달러를 사려면 원화가 1,200원만 있어도 됐는데 이제는 1,300원이 필요하니 원화 가치가 하락한 것이다. 보통, 환율이 오르면(원화 가치가 떨어지면) 수출이 잘된다. 같은 물건을 싸게 공급할 수 있기 때문이다. 그렇게 수출이 잘돼서 우리나라 경제가 좋아지고 달러가 쌓이면, 우리나라의 원화 가치가 상대적으로 높아진다. 원화 가치 상승은 곧 환율 하락을 의미한다. 환율이 떨어지면 수출은 줄어든다. 이런 자동 조절 장치를 통해 환율이 조정된다.

2부
경제 기사 읽는 법, 체크리스트

9

모든 언론이 같은 소리를 한다고 해서 믿으면 안 된다

2022년 5월 윤석열 정부가 출범했다. 윤석열 정부는 유난히 자유, 작은 정부를 강조한다. 윤석열 정부의 작은 정부 의지를 어떻게 증명할 수 있을까? 내년도 예산 편성 지침에서 "재량 지출 10% 삭감"을 말했다니 대단한 일인 것 같다. 몇몇 언론에 따르면 글로벌 금융 위기 직후 13년 만에 부활한 재량 지출 10% 삭감이라고 한다. 이 정도면 작은 정부 인정인가?

그러나 매년 예산안 편성 지침을 보면, 재량 지출 10% 감축은 그리 새로운 것이 아니다. 2023년인 내년뿐만 아니라 2022년이나 2021년에도, 그리고 2020년에도 재량 지출 10% 감축은 계속 있었다. 관행적으로 매년 나오는 표현에 불과하다. 그러므로

'재량 지출 10% 삭감 정책이 13년 만에 부활했다'는 뉴스는 잘못이다. 기자도 사람인 이상 실수할 수 있다. 그러나 틀린 기사가 여러 매체로 확대 재생산되는 것은 문제다. 취재가 아니라 다른 기사를 그대로 베껴 쓰는 관행을 짐작할 수 있다.

윤석열 정부의 작은 정부 이미지는 추경에서도 계속된다. 윤석열 정부의 첫 작품인 2022년 제2차 추경 규모는 59조 원이다. 대한민국 역사상 최대 규모다. 그런데도 한 언론은 "윤석열 정부는 문재인 정부의 확장 재정 기조를 '필요 재정'으로 기조를 바꿨다"고 설명한다. 특히 예산안만 발표하면 관사처럼 '슈퍼 예산'이 붙는 관행이 많이 줄었다. 실제로 윤석열 정부가 사상 최대의 59조 원 추경안을 발표한 이후 이를 슈퍼 예산이라고 표현한 기사는 단 19건에 불과했다. 올해 제2차 추경 규모는 건국 이래 최대지만, 초과 세수를 통해 국채 발행 없는 추경이어서 슈퍼 예산이라고 표현하지 않은 것일까? 2021년 문재인 정부의 제2차 추경역시 초과 세수를 통한 국채 없는 추경이었다. 추경 규모는 31조 8,000억 원에 불과했다. 그러나 당시 언론은 하루 동안 "슈퍼 추경"이라고 표현한 기사를 75건이나 양산했다.

왜 이런 차이가 날까? 기자들의 정파적 편향성 때문에 의도적으로 잘못된 기사를 썼다고 생각하지 않는다. 문제는 확증편향(원래 가지고 있던 신념에 맞는 정보만 받아들이는 현상)이다. 기자는 윤석열 정부가 작은 정부를 추구한다고 확증한다. 예산안 편성 지침을 보니 마침 "재량 지출 10% 삭감"이라는 문구가 딱 보인다. '옳거니, 역시 윤석열 정부는 작은 정부를 추구하는군'이라고 생각한다. 그렇게 10% 구조 조정을 소개하는 기사가 1,700건 만들어진다.

이는 반대도 마찬가지다. 문재인 정부는 확대 재정을 펼친다고 생각하니 모든 예산안 기사 제목은 "슈퍼 예산"이 된다. 그러나 2017년과 2018년 예산은 긴축 예산이었다. 2017년 정부 총지출 증가율은 경상성장률에도 못 미쳤고, 2018년 재정 수지는 사상 최대 흑자를 기록할 정도였다. 그러나 이때도 언론은 긴축 예산도 확장 예산도 아닌 "슈퍼 예산"이라고 표현했다. 나는 이것 또한 정파적 편향이 아니라 확증편향이라고 생각한다.

그런데 확증편향보다 더 심각한 문제가 있다. 바로 타 매체 제목을 그대로 베껴서 생기는 현상이다. '13년 만의 재량 지출 10% 감축'과 같은 틀린 뉴스가 확대 재생산되는 것이 명백한 증거다. 마찬가지로 특정 매체가 "슈퍼 예산"이라고 제목을 달면 그냥 큰 고민 없이 "슈퍼 예산"이라고 제목을 다는 일이 유행처럼 번지기도 한다. 의외로 정파적 편향은 큰 문제가 아닐 수 있다. 정파적 편향보다 더 큰 문제는 확증편향, 이보다 더 큰 문제는 베껴쓰기다. 독자는 모든 언론이 같은 소리를 한다고 해서 믿으면 안 된다. 잘못된 하나의 기사가 언론의 베껴 쓰기 관행에 따라 널리 퍼질 수도 있다는 사실을 염두에 두자.

핵심용어
정부 규모

정부의 크기를 비교할 때는 보통 국내총생산액(GDP) 대비 일반정부 지출 규모를 통해 파악한다. 각 나라 GDP 대비 그 나라 정부가 얼마나 큰 규모로 지출하는지를 통해 정부 규모를 파악하는 것이다. 일반정부란 중앙정부+지방정부+비영리 공공 기관을 뜻한다. 비영리 공공 기관이란 국민건강보험공단처럼 형식적으로 정부는 아니지만, 실질적으로 정부 역할을 하는 기관이다.

경제협력개발기구(OECD) 자료에 따르면, 우리나라 GDP 대비 일반정부 지출 규모는 약 33.9%다. 핀란드, 노르웨이 같은 북유럽 국가들의 정부 지출 규모는 GDP 대비 50%가 넘는다. 독일, 이탈리아, 스페인 같은 서유럽 국가들은 GDP 대비 40%가량을 정부가 지출한다. 영국(40.3%), 일본(38.9%), 미국(38.2%)도 한국(33.9%) 보다 높다. 우리나라 정부는 OECD 국가 가운데 콜롬비아, 칠레, 스위스 정도를 제외하고 가장 낮다.

10

팩트와 야마를 분리해서 읽자

《야마를 벗어야 언론이 산다》라는 박창섭 전 기자의 책이 있다. '야마'란 기자들의 은어로, 기사의 핵심 주제를 뜻한다. 더 정확히 말하면 기사가 의도하는 숨은 목적을 내포한다. 책 소개 글 (8쪽)에 이런 대목이 나온다.

"야마는 대한민국 기자라면 결코 피해 갈 수 없는, 그리고 그 무엇보다 중요시해야 할, 기자를 그만두는 그날까지 운명처럼 짊어지고 가야 할 그 무엇이다. 언론사 입사와 동시에 기자는 '야마와의 전쟁'에 돌입한다. 6개월 남짓의 수습 교육 기간에 신참 기자는 선배 기자에게서 야마 잡는 법을 뼈에 사무치게 배운다. '그 기사의 야마가 뭐야?'라는 선배의 날 선 질문이 하루 24시간 신참 기자의 머리를 지끈거리게 만든다."

신참 기자는 야마와 팩트가 적절히 조화를 이룬 기사가 좋은 기사라고 배운다. 팩트를 잘 녹여서 야마를 끌어내면 선배 기자는 잘 썼다고 칭찬한다. 이렇게 기자가 팩트와 야마를 섞어서 기사를 쓰므로, 우리는 팩트와 야마를 잘 분리해서 읽어야 훌륭한 독자가 된다. 야마와 팩트를 분리하는 연습을 한 번 해보자.

2020년 7월 7일 〈서울경제〉의 "재정 적자 78조로 돌아온⋯ 긴급재난지원금 청구서"를 보자. 이 기사의 야마는 찾기 쉽다. 제목이 곧 야마다. 제목에 드러난 기사의 야마는 '긴급재난지원금 때문에 재정 적자 규모가 78조 원으로 늘어났다'는 것이다. 그렇다면 팩트는 무엇일까? 기획재정부가 발간한 〈월간재정동향〉에 따르면, 관리 재정 수지가 5월 말까지 -78조 원이라는 것이다.

그런데 저 팩트를 통해 저 야마가 나올 수 있을까? 2020년 긴급재난지원금의 총규모는 12조 원이다. 5월 말까지 지출한 긴급재난지원금은 11조 원이다. 관리 재정 수지 78조 원의 약 15%에 불과하다. 재정 적자의 15%만 긴급재난지원금 책임이라는 얘기다.

그럼 재정 적자 78조 원이 생긴 원인은 무엇일까? 먼저 법인세 분납분 납기 마감이 5월에서 6월로 넘어갔다. 그래서 5월 기준 세수입이 1조 원 이상 감소했다. 이보다 중요한 이유는 코로나19 대책에 따라 세금 납부 기간을 연장했기 때문이다. 이게 약

10조 원이나 된다. 단순히 세금 납부를 6월 이후로 미뤄서 납세 편의를 봐준 금액이 긴급재난지원금 규모와 비슷하다. 5월에 들어올 세금을 6월 이후로 미룬 조치에 따른 영향인데 긴급재난지원금에 누명을 씌운 것이다. 긴급재난지원금이 억울할 만하다.

2020년 7월 17일 〈매일경제〉의 "부동산 규제 부작용…증여 3년 새 50% '쑥'"이라는 기사도 마찬가지다. 저 기사도 야마를 찾기는 쉽다. 제목에서 찾을 수 있다. '부동산 규제를 강화해도 시장에 매물이 나오지 않고 증여만 늘었다'는 것이다. 팩트는 무엇일까? 2020년도 국세 통계 1차 조기 공개 자료를 보면 증여세 납부액이 최근 급격히 늘어났다. 그러나 저 팩트로는 저런 야마가 도출될 수 없다. 최근 증여세 증가 이유가 부동산 규제 강화 때문이라는 근거가 빈약하기 때문이다. 기사에서 제시한 팩트는 '증여 재산 가액이 2016년 18조 원에서 2019년 28조 원으로 3년간 55%나 증가했다'는 것이다. 이것은 문재인 정부 부동산 규제의 영향이라고 한다. 그런데 증여 재산 가액 증가는 문재인 정부 이후에 발생한 현상이 아니다. 문재인 정부 이전 증여 재산 가액을 보자. 2013년 11조 1,906억 원, 2016년 18조 2,082억 원이다. 3년 동안 63% 늘어났다. 문재인 정부 이후 증여 재산 가액 증가율은 오히려 떨어졌다.

《야마를 벗어야 언론이 산다》에서 야마를 잡는 과정은 곧 선택과 배제의 과정이라고 한다. 선택과 배제의 과정에서 기사가 의도하는 바인 야마가 들어가게 된다. 비교한 기사 두 개의 숨겨진 의도(야마)는 긴급재난지원금과 부동산 규제는 잘못된 정책이라는 것이다.

연도	증여 재산 가액	비고
2013년	11조1906억 원	박근혜 정부 2013~2016년 4년간 63% 증가
2014년	12조8835억 원	
2015년	15조2863억 원	
2016년	18조2082억 원	
2017년	23조3444억 원	문재인 정부 2017~2019년 3년간 21% 증가
2018년	27조4114억 원	
2019년	28조2502억 원	

• 최근 7년간 증여 재산 가액(이상민).

잘못된 정책을 지적하는 것은 기자의 사명이다. 그러려면 그 근거가 명확해야 한다. 현실을 정확히 보도하는 것이 기자의 1차적인 목표다. 통계와 숫자를 더욱 드라이하고 담백하게 가공해야 한다. 그리고 독자는 기사를 볼 때 야마를 그대로 믿기보다 팩트를 찾아야 한다. 나아가 기사에서 제시한 팩트가 야마를 도출할 수 있을지를 비판적으로 분석해보자.

법인세

법인세는 법인이 내는 소득세다. 자연인인 개인이 돈을 벌면 소득세를 내는 것처럼 법적 인간(법인)이 돈을 벌면 법인세를 낸다. 다만 소득세와 법인세에서 인식하는 '소득'의 정의가 다르다.

소득세의 소득은 열거주의다. 즉 소득세법에 열거된 소득의 종류만 소득이다. 만약 소득세법에 열거되지 않는 방식으로 돈을 벌면 소득세를 내지 않는다. 예를 들어 BTS의 친필 사인이 있는 한정 음반을 10만 원에 샀다가 100만 원에 팔면 90만 원의 소득이 생긴다. 그러나 세금을 낼 필요는 없다. 소득세법에 '연예인 굿즈 양도 차익'은 열거되어 있지 않기 때문이다.

법인세에서 인식하는 소득은 포괄주의다. 즉 법인의 자산이 늘어나는 행위는 종류와 관계없이 소득으로 인식한다. 매일같이 새로운 방식으로 이익을 만들어내는 법인의 소득 종류를 모두 열거하는 것은 사실상 불가능하기 때문이다.

11

정책 평가 기준에 일관성이 있는지 살피자

국민건강보험이 2022년 9월 개편되었다. 왜 지금 바꾸었을까? 국민건강보험료가 긴급재난지원금의 기준이 되면서 국민건강보험료 부과 체계가 국민적 관심사가 되었기 때문일까, 아니면 문재인 케어로 국민건강보험 적자가 심해졌다니 개혁이 필요해서일까? 둘 다 아니다. 이번 국민건강보험료 개편의 역사는 2015년 박근혜 정부 시절까지 거슬러 올라간다. 박근혜 정부 때 만들어진 내용을 문재인 정부가 1차 개편으로 발표했다(2018). 그리고 문재인 정부 때 만들어진 내용을 2022년 윤석열 정부에서 2차 개편으로 발표하는 기나긴 과정으로 이해하는 것이 옳다. 즉 박근혜 정부 때 여야 합의를 통해 마련한 개혁 방안을 문재인, 윤석열 정부 등 3개의 정권이 바뀌어도 큰 줄기를 유지하면서 조금씩 실현해나가는 과정이다. 아쉬운 점(부족한 점)은 있지만, 정부가 바뀌어도 일관된 전략으로 추진하는 과정으로 이해한다면 조금 더 참고 기다릴 만하다.

그런데 왜 여야 합의를 통해 만든 내용을 박근혜 정부가 직접 발표하지 않고 문재인 정부가 발표하고, 문재인 정부가 만든 내용을 윤석열 정부에게 발표하게 했을까? 그것은 바로 이런 개혁이 욕먹을 수도 있기 때문이다. 다수 보험 가입자의 국민건강보험료는 내려가고 일부만 올라간다고 하더라도 올라가는 가입자의 불만이 항상 과대 대표되니 욕먹을 수밖에 없다. 이는 조세, 연금, 보험 제도 등의 개혁이 왜 어려운지를 방증한다.

지역가입자와 직장가입자의 형평성 증대가 이번 개편의 핵심이다. 직장가입자는 소득을 기준으로 보험료를 산정한다. 그런데 지역가입자는 소득뿐만 아니라 재산도 본다. 재산이 있다는 이유로, 그것도 중형차 한 대 있다는 이유로 직장인보다 국민건강보험료를 더 내는 지역가입자들의 불만이 많았다. 과거에는 자영업자의 매출 누락이 많아서 어쩔 수 없는 측면이 있었다. 그러나 신용카드가 보편화된 지금에는 불합리한 측면이 크다. 그래서 재산은 덜 반영하고 소득은 더 반영하는 것이 여야가 합의한 개혁 방향이다.

재산을 덜 반영하고자 자동차 반영 부분을 배기량 1,600cc에서 4,000만 원 이상의 자동차로 올렸다. 사실 자동차 부문은 폐지해도 좋았겠다는 아쉬움이 있지만, 적용 자동차가 179만 대에서 12만 대로 크게 줄어드니 사실상 폐지 수준이다. 그리고 재산 공제를 5,000만 원으로 확대했다. 재산 공제 금액을 더 확대해도 좋았을 것이라는 아쉬움이 있다.

재산을 덜 반영하니 소득은 더 반영해야 한다. 그 결과 연금 소득 반영률을 높인다. 기존 반영률 30%에서 50%로 올라간다. 연금 소득자는 불만이 있을 수 있다. 그러나 연금 소득도 소득이다. 여전히 50%만 반영한다. 그 결과 고액 연금 소득 피부양자 일부는(약 1.5%) 지역가입자로 전환된다. 직장인의 기타소득에 대한 보험료도 인상한다. 당연한 조치다.

문제는 이번 개편에서 덜 내는 사람은 많고(지역가입자 65%), 더 내는 사람은 상대적으로 적으니(지역가입자 2.7%, 직장가입자 2%) 국민건강보험 재정이 2조 원 이상 줄어든다는 것이다. 수입이 줄어드는 것만큼 재정은 나빠진다.

언론은 이를 어떻게 보도할까? 놀랍게도 국민건강보험 재정을 '적자'라는 단어를 써서 설명하는 언론은 거의 없다. 한두 언론만이 이번 국민건강보험 개편 기사에 이 단어를 썼다. 그마저도 적자의 책임이 '문재인 케어'에 있다는 것이 기사의 핵심이다.

국민건강보험 재정 악화의 원인은 수입 또는 지출 측면 둘 가운데 하나다. 보장성을 늘려 지출을 늘리면 재정이 나빠진다. 국민건강보험 수입을 줄여도 재정이 나빠진다. 소위 '문재인 케어'를 통해 보장성을 높이는 조치를 전하는 대다수 언론이 국민건강보험 적자를 걱정했다. 그러나 국민건강보험 수입을 줄이는 조치와 관련해서 적자를 걱정하는 언론은 거의 없었다. 물론 국민건강보험 적자를 너무 걱정하는 것도 문제이긴 하다. 문재인 케어로 국민건강보험이 엄청난 적자에 빠질 것이라고 많은 사람이 우려했지만, 2021년에는 약 2조8,000억 원 정도 흑자였다.

왜 언론은 국민건강보험의 보장성을 확대할 때는 재정을 걱정하면서, 수입을 줄일 때는 재정을 걱정하지 않을까? 국민건강보험의 보장성 확대는 원칙적으로 필요하다. 사보험 없이 대부분 질병을 국가보험만으로 충분히 보장받는 것을 반대하기 어렵다. 다만 보장성이 확대되면 과잉 진료 등 부작용이 발생할 수 있다는 것이 문제다. 건강보험심사평가원의 기능을 더 강화해서 과잉 진료 우려를 불식시킬 필요가 있다.

이번 국민건강보험 개편 조치에서 가장 아쉬운 점은 수입 확대를 위한 노력이 부족하다는 것이다. 직장인들은 소득이 늘면 정률적으로 국민건강보험료가 7% 더 부과된다. 그러나 지역가입자 보험료는 소득 및 재산 구간에 따라 정해진다. 즉 소득과 재산에 비례해서 보험료를 내는 것이 아니다. 해당하는 구간에 따라 보험료 인상이 제한된다. 결국 소득과 재산이 많이 늘어도 보험료는 조금만 올라가는 역진성이 문제였다.

이번 개편을 통해 지역가입자 소득은 직장가입자처럼 비례적으로 개편됐다. 다행이다. 그러나 여전히 지역가입자 재산에 따라 보험료가 비례적으로 늘지 않는다. 역진성이 유지된다는 얘기다. 고액 자산가의 반발을 우려했기 때문일까? 윤석열 대통령은 "지지율을 유념하지 않는다"고 한다. 단점도 있지만 장점도 있는 생각이다. 지지율을 유념하지 않는다는 장점을 살린다면, 건강보험 수지 건전화를 위해 조금 더 욕을 먹더라도 수입 증대 방안을 마련하는 것이 좋지 않았을까?

근본적인 얘기를 해보자. 국민건강보험뿐만 아니라 일반적으로 기금, 세금의 부담을 늘리고자 한다면 신뢰 확보가 반드시 뒷받침돼야 한다. 신뢰 확보란 내가 낸 돈이 잘 관리되고 있다는 믿음이다. 효율성, 투명성을 높여야 한다. 그런 의미에서 이참에 국민건강보험 재정을 기금화해 국가 지출의 하나로 투명하게 관리해야 한다는 사실을 지적하는 언론을 기대한다면 욕심일까?

....
4대보험

　우리나라 사회보험의 근간은 보통 4대보험이라고 부르는 국민연금, 국민건강보험, 고용보험, 산재보험이다. 내가 4대보험 가입자라면 보통 보험기여금이 소득세보다 훨씬 많다. 그러나 내가 낸 보험료는 결국 나에게 돌아온다는 점에서 세금보다는 납부 저항이 적다. 물론 돌아오지 않을 수도 있다. 내가 건강해서 병원에 가지 않거나, 비자발적 실업자가 되지 않거나, 산업재해를 당하지 않으면 된다. 물론 이러한 행운을 통해 납부액을 돌려받지 못한다면 그 자체로 좋은 일이다.

　국민연금 납부액은 기준 소득월액의 9%다. 직장가입자는 내가 4.5%, 사업장이 4.5%를 낸다. 국민건강보험 납부액은 보수월액의 7%다. 직장가입자는 그 절반인 3.5%만 부담한다. 고용보험은 근로자와 사업주가 각각 0.9%를 내고 산재보험은 사업자만 사업 종류 등에 따라 보험료를 차등적으로 낸다.

12

제목 읽고 놀랐다면
의심하고 리드를 보자

'톱스타 000 이혼한다'는 제목은 클릭을 부른다. 리드(lead)를 보면 드라마에서 주인공이 이혼한다는 얘기다. 이런 낚시성 제목은 너무 흔해서 오히려 식상하다.

기사에서 제목만큼이나 중요한 것은 리드다. 수습기자가 가장 열심히 하는 훈련 중 하나는 리드를 다는 것이다. 제목에 기사의 핵심 주장이 담겨 있다면, 리드에 기사의 가장 중요한 정보가 담겨 있다. 기사는 사실의 나열이 아니다. 사실과 함께 핵심 주장이 되는 주제로 이루어졌다. 기자들은 대개 이를 '팩트와 야마'라는 속칭으로 부른다. 팩트가 제목이 되는 일은 대단히 드물다. 제목은 거의 언제나 독자의 관심을 유도할 수 있는 핵심 주장이 뽑

힌다. 반면 기사의 첫 문단인 리드에는 보통 팩트를 쓴다. 누가, 무엇을, 언제 등 육하원칙을 담은 팩트가 기사의 리드가 되곤 한다.

2021년 2월 20일 〈한국경제〉의 "코로나로 고용 줄인 기업 세금 날벼락"이란 제목의 기사를 보자. 제목엔 팩트가 없다. 핵심 주장만 있다. 팩트는 리드에 나온다. 리드는 "고용 증대 세액 공제 법안이 당초 정부안보다 후퇴한 채 국회 상임위원회를 통과했다"이다. 제목보다 리드가 정직한 법이다. 그래서 독자는 제목을 곧이곧대로 믿으면 안 된다. 제목은 어떤 기사를 읽을지 선택의 도구로만 이용하자. 제목이 낚시라면 독자는 미끼만 빼먹는 것도 좋다. 제목보다는 리드가 중요하다. 리드에 제시된 팩트의 구체적 내용을 확인하고, 이러한 팩트가 핵심 주장을 뒷받침할 수 있는지를 파악해보자. 기자는 핵심 주제와 팩트를 잘 버무려서 기사를 쓴다면, 독자는 핵심 주제와 팩트를 구분해서 읽어야 한다.

문제는 리드에도 팩트가 나오지 않는 기사를 만났을 때 발생한다. 2021년 2월 10일 〈한국경제〉 기사를 보자. "'월급 받는 농민' 1만 명 육박…1인당 월 111만 원"은 낚시일 것 같아도 클릭을 안 할 수 없다. 월 111만 원의 월급을 받는 농민이 1만 명? 아니 농민에게 월급을 준다고? 리드를 보자. "매달 일정 금액을 월급으로 받는 농업인이 전국적으로 늘어나고 있다. 지방자치단체와 농협을 중심으로 농업인 소득 안정을 위해 농업인 월급제를 적극적으로 도입한 결과다. 하지만 각종 제반 비용을 국비로 지원해 달라는 목소리가 높아지면서 현금 살포형 '포퓰리즘 정책'으로 전락할 수 있다는 지적이 나온다."

아니, 세상에……. 리드를 보니 포퓰리즘 현금 살포 정책인 농업인 월급제가 전국적으로 늘어난다고 한다. 이게 무슨 소리일까? 리드에 이어지는 기사를 읽어봐도 농민에게 공무원처럼 월급을 주는 것 같다. "이들에게 지급한 연간 월급 총액은 1,000억 원에 육박한다. 월급 받는 농업인 수는 같은 기간 3,634명에서 8,005명으로 확대됐다. 농업인 한 명당 약 111만 원 월급을 받아간 셈이다."

물론 기사에는 "농업인들이 받는 월급은 실제로는 대출에 가깝다. 나중에 수확할 농산물을 담보로 농협이 매달 일정액의 원금을 빌려주고 이자는 지자체가 부담하는 구조다"라고 오해를 풀 수 있는 설명이 나오긴 한다. 월급이라고 표현했지만, 사실은 대출금을 다달이 받고 나중에 농산물을 수확할 때 갚는다는 의미다.

기사 뒤쪽에 농민 월급은 대출이라는 사실을 명시했으므로 괜찮을까? 기자들은 제목과 리드만 읽고 뒷부분을 읽지 않는 많은 독자를 염두에 두고 제목과 리드 뽑는 훈련을 받는다. 많은 독자가 리드까지만 읽고 다른 기사를 읽는다는 사실을 기사 쓸 때 상수로 고려한다. 따라서 제목은 물론 리드에서도 만들어진 '공무원처럼 월급 받는 농민'이라는 이미지는 여간해서 풀리지 않는다. 실제로 기사 댓글을 보면 "공무원인가? 나랏돈도 받고", "천재지변으로 농사를 망치면 100% 국가가 책임지라는 이야기죠?"와 같은 잘못된 반응이 이어진다. 한두 명이 아니라 전체 댓글 100%가 기사를 오해했다면 기사 작성자도 일정 부분 책임이 있다.

도대체 농업인 월급제가 무엇일까? 공무원이 공무 노동의 대가를 월급으로 받는 것처럼 농민이 경작 노동에 따른 대가를 월급으로 받는 것일까? 〈연합뉴스〉의 "'철원 농민 월급 받고 농사 짓는다'…농가당 최대 200만 원"을 보자. 제목만 보면 앞의 〈한국경제〉 제목과 비슷하다. 그러나 리드를 보자. "농업인 월급제란 농산물 출하 금액 일부를 3월부터 8월까지 6개월 동안 재배 면적에 따라 월급 형태로 지원하고 농민은 수확 후 그 돈을 상환하는 제도다"라고 정확히 '농민 월급'을 설명한다.

벼농사 농민 등은 1년에 한 번만 소득이 발생한다. 1년 내내 소득이 거의 없지만 들어갈 돈은 많다. 그래서 기대되는 농산물 판매 대금을 담보로 그 일부를 미리 받는 제도다. 결국 월급이라기보다는 판매 대금을 선급금으로 받고, 그 선급금에 대한 이자 비용을 국가가 지원하는 제도다. 그러므로 〈한국경제〉는 '월급 총액이 1,000억 원에 육박한다고 하나, 그 이자 비용 총액은 00원'라고 쓰는 것이 정직하다. 〈한국경제〉가 지적한 "현금 살포형

포퓰리즘"에 해당하는 금액은 선수금 총액이 아니라 면제되는 이자 비용에 불과하기 때문이다.

제목은 독자의 관심을 유도하는 기능이 핵심이다. 정도의 차이는 있지만, 모든 기사 제목은 어느 정도의 낚시 기능이 있다. 그러나 리드에는 진실을 고백하는 것이 낚시성 기사가 가진 최소한의 양심과 예의다. 독자는 제목, 리드, 팩트를 구분해서 읽어야 한다.

핵심 용어

소득 공제와 세액 공제

소득 공제는 소득을 공제해주고, 세액 공제는 세금을 공제해준다.

내 소득이 1,000만 원이면 1,000만 원에 대해서 세금을 내야 할까? 그렇지 않다. 각종 소득 공제가 있다. 일단 기본적으로 인적 공제와 근로소득 공제 700만 원을 소득에서 공제하면 내 소득 금액은 300만 원이 된다. 만약에 다른 공제가 없다면 이 300만 원이 과세표준(과표)이다. 과표 300만 원에 세율 6%를 적용하면 산출세액은 18만 원이다. 그렇다고 18만 원을 세금으로 내야 하는 것도 아니다. 각종 세액 공제가 있다. 만일 표준 세액 공제 13만 원만 있다면 내야 할 세금은 5만 원이다. 다시 말해 소득 공제는 과표를 산출하기 전 내 소득 금액을 줄여주는 공제다. 그리고 세액 공제는 과표에 따른 세율을 적용한 산출세액에서 다시 세금 액수를 감면해주는 것이다.

결국 소득 공제가 100만 원이라면 내 세금이 100만 원 줄어드는 것이 아니다. 만약 적용받는 세율이 6%인 저소득자라면 6만 원이 줄어든다. 적용받는 세율이 45%인 10억 원 초과 고소득자라면 세금은 45만 원이 절약된다. 소득 공제가 늘수록 고소득자에게 유리하다.

13

기사에 없는 정보를 생각하라

'서울 강북구에 있는 중소기업에 다니는 김아무개 씨는 지난해 300만 원가량의 소득세를 납부했다. 전년보다 두 배 정도 늘어난 금액이다. 연봉에 비해 큰돈이 아닐 수 있지만 국민연금, 국민건강보험 기여금까지 더하면 1,000만 원에 이른다. 웬만한 직장인 석 달 치 월급이 사라진 셈이다.'

이런 기사는 정직하지 않다. 중소기업에 다니는 김 씨의 연봉 정보가 없기 때문이다. 중소기업에 다니는지, 대기업에 다니는지는 소득세와 아무런 관계가 없다. 소득세는 연봉에 따라 달라진다. 그래서 이런 기사는 존재하지 않는다.

2021년 3월 6일 〈중앙일보〉 "1주택자도 못 견디는 종부세, 1년 새 분납자 4배 늘었다"라는 기사의 리드를 보자. "서울 강남구에 전용 $84m^2$ 아파트 한 채를 보유한 정 모(55) 씨는 300만 원 종합부동산세 고지서를 받았다." 이 기사도 마찬가지다. 종합부동산세(종부세)는 아파트 면적에 따라 결정되지 않는다. 강남 아파트 1주택자가 종부세를 약 300만 원 내려면 시가 20억 원이 훌쩍 넘어야 한다. 참고로 말하면, 소득세 300만 원을 내는 강북에 사는 김 씨의 연봉은 약 7,000만 원이다.

중소기업에 다니는 연봉 7,000만 원 근로소득자가 세금을 300만 원이나 내는 것은 가혹하게 느껴질까? 그래도 연봉 대비 실효세율은 4% 정도다. 300만 원은 커 보이지만 내 연봉의 4% 정도를 세금으로 내는 것은 수긍할 만도 하다. 마찬가지로 시가 21억 원 아파트의 종부세와 재산세를 합친 실효세율은 0.5% 미만이다. 참고로 뉴욕주 주택 실효세율은 1.7% 정도라고 한다. 20억 원이 넘는 아파트에 사는 사람이 내는 종부세 금액이나, 7,000만 원 연봉의 근로소득자가 내는 소득세 금액이 비슷하다.

이어서 기사는 "소득은 제자리걸음인데 투기와는 거리가 먼 1주택 실수요자의 불만이 커지고 있다"라고 전한다. 소득은 그대로인데 종부세를 더 내면 좀 불합리하다고 느낄 수 있다. 그런데 이는 소득세도 마찬가지다. 똑같이 7,000만 원을 버는 근로소득자의 재산은 천차만별이다. 한 명은 고액 자산을 증여받아서 저축할 필요가 없다. 7,000만 원을 거의 생활비로 다 쓰니 여유가 넘친다. 그러나 다른 한 명은 7,000만 원을 벌지만 빚을 갚느라, 그리고 병상의 부모님 치료비를 대느라 생활이 팍팍하다. 그런데도 소득세액은 비슷하다. 왜냐하면 소득세제는 재산을 고려하지 않고 소득에만 부과하는 세금이기 때문이다. 재산이 100억 원이든, 빚이 10억 원이든 비슷한 소득세를 부과한다. 좀 불합리해 보여도 소득세제의 특징이라 어쩔 수 없다.

마찬가지다. 종부세나 재산세와 같은 재산세제는 소득을 고려하지 않고 보유한 재산에만 부과하는 세금이다. 부가가치세와 같은 소비세제는 소득이나 재산을 고려하지 않고 소비 금액에만 세금을 부과하는 것처럼. 그러나 재산세제는 현금 흐름에 문제가 생길 수 있어서 60세 이상이나 70세 이상이면 20% 또는 40%를 공제해준다. 그러면 20억 원 아파트 종부세가 140만 원대로 줄어든다. 특히 15년 이상 장기 보유한 70세 이상이라면 종부세액은 50만 원에 불과하다.

종부세뿐만 아니라 이 세상에 존재하는 모든 세금에는 부작용과 문제점이 있다. 부작용 없는 아름다운 세금이란 존재하지 않는다. 어떤 세금이든지 조세 저항이 있고 초과 부담이 발생한다. 결국 세금은 일정 부분 부작용과 조세 저항을 감내하면서도 걷을 수밖에 없는, 먹기에 '쓴 약'이다. 물론 약이라고 무조건 많이 먹는 것은 좋지 않다. 특히 복용량을 갑자기 늘리는 것은 바람직하지 않다.

그러므로 종부세의 양과 증가 속도를 비판하는 기사는 필요하다. 다만 300만 원의 종부세를 내는 아파트의 가액 정도는 표시하는 것이 정직하다. 또한 분납자가 "1년 새 4배 증가"한 것을 1주택자도 "못 견디는 종부세"의 부작용 증거로 삼기엔 부족하다. 재산이 마이너스여서 빚을 갚는 소득자에게도 소득세가 부과되는 것은 당연하다. 마찬가지로 종부세와 같은 재산세제는 소득이나 투기 여부를 고려하지 않고 재산 보유 자체에 담세력(세금 부담 능력)을 인정하고 부과하는 세금이다.

핵심 용어

종합부동산세

종합부동산세는 재산세제의 일종이다. 즉 소득세와 같은 소득세제가 소득이 있으면 부과하고, 부가가치세와 같은 소비세제가 소비할 때 부과하는 것처럼 종부세는 재산에 부과한다. 우리나라의 재산세제는 재산세와 종부세가 가장 대표적이다. 재산세는 지방정부가 재산 건별로 과세한다. 만약 서울, 강원도, 부산에 건물이 있다면, 해당 지자체가 각각 따로 부과한다.

재산세도 누진 구조를 가지고 있다. 그런데 각 지자체가 건별로 지방세를 부과하면 여러 지역에 많은 부동산을 소유한 사람은 누진성이 줄어든다. 이에 사람별로 소유한 모든 부동산을 합산해 고가의 부동산을 소유한 사람의 세금을 누진적으로 부과하는 세금이 종부세다.

또한 지방세인 재산세만 있으면 서울 강남권 등 고가 부동산이 몰려 있는 지역의 세수는 넘친다. 반면 부동산 가격이 낮은 지역의 세수는 부족해진다. 종부세는 재산세와 달리 중앙정부가 모두 걷은 뒤 전액을 각 지역에 다시 배분한다. 이를 통해 지역의 균형 발전을 꾀한다.

14

왜냐고 물으면서 읽어라

기사 작성의 기본은 육하원칙이다. 육하원칙은 누가(who), 언제(when), 어디서(where), 무엇을(what), 왜(why), 어떻게(how)를 말한다. 처음 기자가 되면 육하원칙으로 글 쓰는 훈련을 받는다. 보통 초보 기자는 경찰서를 출입하면서 사건 사고 기사를 쓰는 사회부를 거친다. 사회부에서 쓰는 스트레이트 기사는 육하원칙을 따르는 것이 원칙이다.

그러나 모든 원칙에는 예외가 있다. 특히 '왜'를 빼는 경우가 종종 있다. 화재나 교통사고는 반드시 원인이 밝혀지는 것은 아니다. 자살 기사에는 절대로 '왜'를 쓰면 안 된다. 한 사람의 자살 동기를 멋대로 추측하면 안 되기 때문이다. 손흥민이 골을 넣은 기사에 '왜'를 넣을 수는 없다. 기자 연차가 올라갈수록 스트레이트 기사보다 해설 기사를 쓰는 일이 많아지는데, 해설 기사에는 육하원칙이 융통성 있게 사라지곤 한다.

그러나 원칙은 원칙이다. 지킬 수 있으면 지키는 것이 좋다. 특히 세금 관련 기사에는 '왜'라는 질문이 꼭 나와야 한다. 한국경제연구원은 모노리서치에 의뢰한 '조세 부담 국민 인식 조사' 결과를 2021년 4월 21일 발표했다. 조사에 따르면 한국 국민 중 열에 일곱은 세금이 많이 늘었다고 답했다. 취득세, 재산세, 종부세 부담이 가장 많이 늘었다는 사람이 1/3, 부담금이 가장 많이 늘었다는 사람이 1/4, 소득세가 가장 많이 늘었다는 사람도 약 23%된다.

일단 세금이 늘었다면 이유는 둘 중 하나다. 국가가 세율을 올리거나 공제를 줄이면 세금이 늘어난다. 또 국가 정책은 그대로인데 내 소득이나 재산이 증가해도 세금이 늘어난다. 만약 내 소득이나 재산이 증가해 세금이 늘었다면 개인적으로 좋은 것이다. 물론 부동산 가격을 잡지 못한 점을 비판할 수는 있다. 그러나 증세했다고 비판하면 안 된다. 반면 내 소득이나 재산이 그대로인데 세금이 늘었다면, 그 책임은 국가에 있다. 물론 증세가 좋은 것인지 감세가 좋은 것인지는 답이 없다. 좋든 나쁘든 그 책임을 국가가 져야 함은 명확하다.

따라서 세금 부담이 늘었다는 기사를 쓴다면 왜 늘었는지를 반드시 밝혀야 한다. 소득이나 재산이 늘어나서인지, 아니면 국가의 증세 정책 때문인지 구분하지 않으면 기사 가치가 반감된다. 기사를 읽고 소득 증가를 자축할지, 증세를 반대하거나 찬성할지 알아야 한다. 국가 정책은 손흥민 경기처럼 관람만 하면 안된다. 여론 형성은 언론의 존재 이유다.

제대로 된 여론 형성을 위해서는 소득 증가 등의 경제적 효과는 제거하고 국가의 조세 정책만 파악하는 것이 필요하다. 그렇다면 문재인 정부 이후 증세 정책은 어떠했을까?

첫째, 근로소득과 사업소득의 경우 3억 원 초과 소득에 기존 38% 세율이 40%로 증가했다. 특히 10억 원이 넘는 사람의 세율이 40%에서 45%로 늘었다. 만약 당신 소득이 3억 원 미만인데 소득세가 늘었다면 그것은 소득이 증가했기 때문이다.

둘째, 거래세(취득세)의 경우 1주택자는 변화 없다. 다만 다주택자와 법인의 취득세율이 크게 늘었다.

셋째, 재산세는 제법 큰 규모의 감세가 이뤄졌다. 공시 가격은 시가 반영률을 높였다. 그 대신 재산세율을 깎았다. 주택 가격이 9억 원(공시 가격 6억 원)을 넘지 않는다면, 재산세율 인하 효과가 공시 가격 현실화 효과보다 크다. 그래서 전국 주택 92%는 세율이 떨어졌다. 9억 원 이하 주택의 세금이 늘어났다면 지가가 올랐기 때문이다. 즉 문재인 정부는 92% 주택에는 감세하고, 8%

주택에는 증세했다.

넷째, 종부세. 2020년 종부세 중위값은 59만 원이다. 즉 종부세를 내는 사람의 절반은 59만 원 이하를 낸다. 같은 가격의 주택을 보유하고 있으면 1주택자 기준 2017년보다 약 7만 원 올랐다. 종부세 중위값 기준 증세 효과는 7만 원이다. 물론 다주택자는 매우 큰 폭으로 증세가 이뤄졌다. 시가 약 14억 원 주택의 종부세는 2017년 83만 원에서 150만 원으로 거의 두 배 올랐다. 반면 고령 장기 보유자 종부세는 큰 변화가 없다. 고령 공제, 장기 보유 공제가 확대됐기 때문이다. 15년 이상 거주한 70세 이상 주택 소유자의 시가 약 14억 원 주택의 종부세는 6만8,000원에 불과하다. 2017년보다 6,000원 늘었다.

다섯째, 양도소득세. 다주택자는 매우 큰 폭으로 올랐다. 그러나 1주택자는 원래 9억 원까지 비과세다. 1세대1주택 요건을 달성한 9억 원 미만 주택 소유자는 부동산 양도 차익이 아무리 발생해도 원래 세금을 내지 않는다.

여섯째, 국민건강보험 부담금. 매년 3% 내외로 늘어났다. 월 500만 원 근로자는 최근 2년간 매월 약 1만 원 늘어났다. 다만 그만큼 보장률도 커졌다.

초심을 지키자는 말은 너무 흔하다. 별 감흥 없이 하는 말이기도 하다. 그러나 육하원칙에 따라 스트레이트 기사를 쓰던 초심을 지켜보자. '왜'라는 질문은 가능하면 지켜야 한다. 그리고 독자는 기사를 읽을 때 육하원칙이 기사에 모두 들어 있는지 확인해보자. 특히 '왜'라는 질문이 없으면 스스로 물어보자. '왜 세금이 올랐을까?' 정상적인 이 질문에 정확히 답하지 못한다면 그 기사는 부족한 기사다.

핵심 용어

근로소득세

근로소득세는 근로를 제공하고 돈을 받으면 내는 세금이다.

직장인은 세금을 얼마나 낼까? 직장인은 흔히 '연봉은 00지만 세금 떼고 나면 실수령액은 얼마 안 된다'고 하소연한다. 실제로 내는 세금을 파악해보자. 일단 근로소득자 중 약 40%는 세금을 전혀 안 낸다. 과세 금액 미달이기 때문이다. 정확히 말하면 원천 징수 금액을 떼지만 연말정산 때 전액 환급한다. 소득세 원천 징수 금액이 실제로 내가 내는 세금은 아니다. 연말정산 때 돌려받기 때문이다. 연봉 기준으로 대강 3,000만 원 이하면 근로소득세는 없거나 월평균 1만 원대에 머문다.

급여가 오르면 물론 세금도 오른다. 연봉이 6,000만 원이 넘으면 매달 약 20만 원, 7,000만 원이 넘으면 매달 약 30만 원 정도 낸다. 매달 20~30만 원 세금을 낸다고 생각하면 많이 내는 것 같기도 하다. 그러나 연봉 대비 세금이 각각 4%, 5% 정도라고 생각하면 또 그렇게 많아 보이지 않는다. 내가 세금을 많이 낸다고 느끼는 이유는 근로소득세보다 국민연금, 국민건강보험 납입금 등 때문이다.

15

법적 용어를 자의적으로 해석하는지 살피자

"나는 여자를 좋아하니까 여성 혐오자는 아니야." 특정 개념을 어감으로만 이해하고 논쟁하는 일이 많다. 개념을 통한 토론이 어감에 따른 논쟁으로 바뀌면, 논쟁은 곧 싸움이 되곤 한다. 그리고 싸움의 이유는 더는 내용이 아니라 말투나 표정이다. 그래서 내가 정확히 모르는 개념이라면 쓰지 않는 게 좋다. 잘 모르긴 해도 '여성 혐오'는 여자를 좋아한다는 이유로 면죄부가 주어지는 개념은 아닌 것 같다.

2020년 6월 10일 〈중앙일보〉는 "정의연은 운동권 물주, 재벌 뺨치는 그들만의 일감 몰아주기"라는 제목의 기사를 썼다. 그런데 안타깝게도 일감을 몰아준다고 "일감 몰아주기"가 되는 것이 아니다. 상식적으로 생각해보자. 일감을 많이 주는 모든 경제 행위가 나쁜 것은 아니다. 수직 계열화는 권장하기도 한다. 원하청 거래의 지속성을 확보하는 것도 긍정적인 일이다.

그럼 일감 몰아주기가 무엇일까? 공정거래법 제47조의 2(특수관계인에 대한 부당한 이익 제공 등 금지)에 명확하게 나와 있다. 조문 이름 그대로 특수관계인에게 부당한 이익을 제공하는 것을 금지하는 조항이다. 자세히 살펴보자.

첫째, 일감 몰아주기는 가족이나 친족과 같은 특수관계인에게만 해당하는 규정이다. 가족이나 친족과 같은 특수관계인이 대상이 아니라면 일감 몰아주기가 아니다. 흔히 나 또는 내 회사의 사업 기회 등 이익을 재벌 2세 또는 3세에게 증여세 없이 증여하는 행위를 의미한다. 실제로 일감 몰아주기 규제는 공정거래법보다 증여세법에서 더 먼저 시행되었다.

둘째, 일감 몰아주기는 '부당한 이익을 제공'할 때 사용하는 말이다. 거래 가격이 정당한데도 부당한 이익을 제공했다며 규제하는 이유가 무엇일까? '상당한 규모의 거래'가 이루어졌기 때문이다. 거꾸로 말하면, 거래 가격이 정당하고 상당한 규모의 거래가 아니라면 규제할 필요가 없다. 그래서 부당한 이익 제공 행위의 제공 주체는 재벌 기업 집단(공시 대상 기업 집단)만 해당한다. 재벌만이 경쟁력을 갖춘 중소기업, 독립기업의 사업 기회를 박탈

할 정도의 '상당한 규모의 거래'를 만들 수 있기 때문이다. 실제로 공정거래위원회의 지침에 따르면, 상당한 규모의 거래는 200억 원 이상과 매출액의 12% 이상의 거래를 뜻한다.

결국 〈중앙일보〉는 정의연(일본군성노예문제해결을위한정의기억연대) 및 진보 시민 단체들이 "일감 몰아주기"를 했다고 비판하나, 수십만 원에서 수천만 원 수준의 일감을 준 것은 일감 몰아주기가 아니다. 지나친 소금 섭취는 고혈압에 좋지 않으므로 소금 몰아넣기를 규제한다고 해서, 소금이 들어간 음식을 모두 소금 몰아넣기라고 비판하면 안 된다. 일감 몰아주기 규제의 핵심은 상당한 규모이기 때문이다. 적당한 소금은 '소금과 같은 존재'처럼 맛과 건강을 모두 지킬 수 있다.

사실 여성 혐오와 같은 사회적인 개념은 정확히 파악하기 쉽지 않다. 전문가들도 조금씩 다르게 정의하거나 개념이 진화·발전하기도 한다. 그러나 법적인 개념은 법에 명확하게 명시돼 있다. 법을 자의적으로 해석하는 것을 방지하기 위해서다. 그래서 언론은 법적 용어를 쓸 때 주의해야 한다. 일상에서 쓰는 용어와 법에서 정의 내린 바가 다르기 때문이다.

어감과는 다른 경제 용어

• 예산 : 정부가 지출하는 돈을 예산이라고 잘못 알기 쉽다. 정확히 말하면 정부가 일반회계와 특별회계를 통해서 지출하는 돈만 예산이며 기금 지출액은 예산이 아니다. 그래서 정부가 지출하는 전체 돈의 규모를 파악하고 싶으면 총지출액이 얼마인지를 물어봐야 한다.

• 개발 이익 : 부동산 등에 투자해서 얻은 이익이라고 잘못 알기 쉽다. 그러나 민간 투자 행위는 '개발 이익' 자체가 아니다. 개발 이익이란 국가나 지자체로부터 인가, 허가 등을 받아서 지목 등이 변경돼 발생하는 이득을 뜻한다.

• 폐업률 : 올해 폐업률이 90%라면 올해 해당 업종이 90% 폐업했을 것 같다. 간혹 언론에서 그해 폐업한 자영업자 수를 그해 창업한 자영업자 수로 나누어서 폐업률을 구하는 경우가 있다. 이러한 폐업률은 경제적으로 의미 없는 지표다. 창업한 업체와 폐업한 업체는 아무 상관관계가 없기 때문이다. 자영업자의 폐업 정도를 알고 싶으면 폐업률이 아니라 생존율을 따져야 한다. 3년 생존율, 5년 생존율이 중요한 지표다.

16

통념과 통계를 구분하라

종종 통계가 현실을 반영하지 못한다고 말한다. 체감과 통계 수치가 다를 때 이런 말이 나온다. 그런데 오히려 통계는 체감과 달라서 존재 이유가 있다. 느낌적 느낌으로 파악되는 현실만으로 실체가 파악된다면 통계는 필요 없다. 우리의 감각과 기억은 불완전하다. 특히 많은 사람이 같은 얘기를 하면, 나도 그렇게 생각하기 마련이다. 통계가 체감과 다른 얘기를 해주지 않으면 잘못된 확증편향은 굳어갈 수밖에 없다.

물론 통계도 한계가 있을 수밖에 없다. 통계는 기본적으로 전수 조사가 아닌 표본(샘플링) 조사일 때가 많아서 조사방법론에 따라 결과가 다르게 나오기도 한다. 특히 조사 대상인 사람들이 거짓말을 하는 일은 매우 흔하다. 세스 스티븐슨 다비도위츠가 쓴《모두 거짓말을 한다》를 보면, 미국 이성애 여성은 11억 개, 이성애 남성은 16억 개의 콘돔을 사용한다는 설문 조사 결과가 있다고 한다. 그러나 실제 매년 판매되는 콘돔은 6억 개 미만이라고 한다. 조사 대상원이 본인의 성생활 횟수를 얼마나 과장해서 말하는지 알 수 있다.

그래서 언론은 통계를 다룰 때 조심해야 한다. 기본적으로 체감과 통계가 다르면 통계를 우선시해야 한다. 만약 통계보다 체감이 더 옳다고 주장하고 싶다면 통계의 문제점과 한계를 정확하게 짚어내야 한다.

요즘 부동산 얘기가 뜨겁다. 아니 주택 가격은 언제나 뜨거운 소재다. 언론을 통해 본 주택 가격 서사는 항상 같다. 노무현 정부 때는 주택 가격이 폭등하고, 2008년 금융 위기 이후인 이명박 정부 때는 주택 가격이 정체 또는 하락했다. 소위 초이노믹스(박근혜 정부의 부동산 부양 등의 경제 정책)에 따라 박근혜 정부 때는 가격이 조금 올랐다가, 문재인 정부에선 역대 최대로 주택 가격이 올랐다는 것이다.

그렇다면 문재인 정부 때 집값이 얼마나 올랐을까? 박근혜 정부 시절 집값은 연평균 1.6% 올랐고 문재인 정부 시절 집값은 연평균 3.6% 올랐다. 아파트 가격만 보면 박근혜 정부는 연평균 3.8%, 문재인 정부는 8.4% 올랐다. 박근혜 정부보다 두 배 이상 올랐으니 문재인 정부에서 아파트 가격이 많이 올랐다는 시중의 인식은 팩트다.

그런데 좀 자세히 보자. 문재인 정부 시절인 2020년, 2021년 집값은 매년 5% 이상 올랐다. 특히 매년 약 20% 오른 수도권 아파트 가격 통계를 보면, 급등한 아파트 가격에 허탈해하는 국민의 심정이 통계에서도 느껴지는 듯하다. 그러나 그 이전인 2017년, 2018년, 2019년을 보자. 주택 전체(전국) 상승률은 매년 1%대에 불과하다. 박근혜 정부 연평균 상승률 1.6%에도 못 미친다. 2019년에는 오히려 상승률이 하락했다. 그리고 2018년 수도권 아파트 가격 상승률은 7%로 올랐지만 2019년에 다시 3.6%로 떨어졌다. 박근혜 정부 시절 수도권 아파트 가격 연평균 상승률 4.1%에도 못 미친다.

		박근혜 정부 연평균	문재인 정부 연평균	2017년	2018년	2019년	2020년	2021년
주택 전체	전국	1.6	3.6	1.5	1.1	-0.4	5.4	9.9
	수도권	1.7	5.3	2.4	3.3	0.5	6.5	12.8
	지방권	1.5	2.1	0.7	-0.9	-1.1	4.3	7.4
아파트	전국	3.8	8.4	1.2	1.3	1.5	16.3	19.8
	수도권	4.1	12.8	3.8	7.0	3.6	21.0	26.0
	지방권	3.7	4.3	-0.7	-3.3	-0.6	11.9	13.3

• 주택 및 아파트 가격 지수 증감률(%)(국토교통부 한국부동산원).

그러나 언론에서는 2019년에도 이미 주택 가격이 급등하고 있다며 수없이 많은 기사를 쏟아냈다. 통계가 현실을 반영하지 못했을 뿐이라고? 물론 그랬을 수도 있다. 국가 공식 통계인 국토교통부 한국부동산원 통계에 잘못된 부분이 있다면, 한계와 문제점을 제대로 밝혀야 한다. 그러나 국가 공식 통계를 무시하고 몇몇 급등 사례만 골라 기사를 쓰는 것은 정직하지 못하다. 일부 급등한 서울지역 아파트를 보도하는 언론도 필요하지만, 국가 통계를 통해 부동산 시장을 차분하게 분석하는 언론도 필요하지 않을까?

혹시 2020년, 2021년 주택 가격 급등은 2018년, 2019년 응축되었던 허탈감과 분노의 분출 아닐까? 다시 말해 지금 주택을 사지 않으면 '벼락 거지'가 될 것 같은 과장된 두려움이 '패닉 바잉'으로 나타난 것 아닐까? 그렇다면 2018년, 2019년 주택 급등이라는 과장된 보도가 2020년 이후 주택 가격 급등 책임의 일부일 수도 있다.

원래 언론 보도는 '자기실현적 효과'가 있다. '논란이 일 것으로 보인다'와 같은 예측성 보도 또는 바람성 보도가 현실화한 사례가 많다. 특정 부동산 단지 가격 급등 사례도 보도 가치가 없지는 않다. 그러나 단편적 사례만으로 국가·경제·사회 현실의 전모를 해석해서는 안 된다. 통계로 뒷받침해야 한다.

특히 비수도권은 우리의 통념과 정반대다. 연평균 비수도권 주택 가격만 보면, 노무현 정부 때는 0.9% 상승에 그친다. 물가 상승률을 고려하면 사실상 하락이다. 반면 이명박 정부 때는 역대 최고 상승률인 4.5%를 기록했다. 박근혜 정부 때는 1.5%로 조금 상승했다. 문재인 정부 때는 2.1% 상승에 그쳤다. 물가 상승률을 고려해 보면 상승했다고 말하기 어렵다.

결국 우리가 알고 있는 주택 가격 서사는 수도권 주택 가격에만 해당한다. 수도권 주택, 특히 수도권 아파트 가격은 언론이 확대 재생산한 서사와 정확히 일치한다. 노무현 정부 때 수도권 주택(아파트) 가격은 연평균 7.9%(아파트 8.7%) 급증했다가 이명박 정부 때 0.4%(아파트 -0.8%)로 하락했다. 박근혜 정부 때는 1.7%(아파트 4.1%) 다소 상승했으며, 문재인 정부에서 5.3%(아파트 12.8%) 급증했다.

이러한 지역별 통계를 정확히 파악하지 못하면 비수도권 주택 정책은 엉망이 된다. 가뜩이나 부동산 경기가 좋지 않았던 노무현 정부 때와 문재인 정부 때 부동산 시장을 얼어붙게 만드는 정책이 시행된다. 마찬가지로 부동산 가격이 활황이던 이명박 정부 때는 오히려 부동산 시장에 기름을 끼얹는 정책이 시행되었다.

경제 현상을 다룰 때는 통념보다 통계를 신뢰하고 지나친 단순화를 피해야 한다. 수도권이 우리나라 전체를 대변하지 않는다. 비수도권에도 우리나라 인구의 절반이 살고 있다. 수도권과 비수도권을 분리하지 않고 단순화한 주택 가격 서사가 비수도권이 추울 때 에어컨을 틀고 더울 때 난로를 피우는 잘못된 정책을 이끈 측면이 있다.

체감과 다른 통계 수치를 다루는 데에는 생각보다 큰 용기가 필요하다. 그렇다고 해서 통계 전체를 다루지 않고 통계를 취사선택하는 일은 피해야 한다. 예컨대 우리의 통념과 벗어나는 통계 수치를 하나 보자. 2003~2020년 서울 아파트 가격은 연평균 3.7% 상승했다. 17년 동안 83% 상승에 그쳤다. 최근 2~3년에만 두 배는 족히 올랐을 것 같은 느낌적 느낌과는 차이가 있다. 특히 같은 기간 강남구 아파트 상승률은 79%에 그쳐 서울 평균에도 미치지 못했다. 반면 강북구의 아파트 가격은 95% 상승했다. 이러한 통계적 사실을 전한 언론이 있었을까?

바깥에 비가 내리고 있는데 오늘 일기예보에 비가 오지 않는다고 우산을 안 쓰고 나갈 수는 없다. 한국부동산원 통계에 만약 잘못된 부분이 있다면, 그 부분을 잘 지적하는 언론이 나오기를 고대한다. 그러나 통계의 잘못이 밝혀지기 전에는 통념보다 통계를 따르는 것이 원칙이다. 그리고 독자는 자신의 느낌적 느낌과 다른 통계를 전하는 언론이 있으면 한 번 유심히 보자. 자신의 느낌과 다르다는 이유로 그 통계 수치를 무시하지 말자.

....

통념과 다른 통계들

① 불평등은 점점 커지고 있다?

통계청의 '가계 금융 복지 조사'에 따른 지니계수는 꾸준히 좋아지고 있다. 다만, 소득 불평등은 개선되고 있지만 자산 불평등은 악화하고 있다.

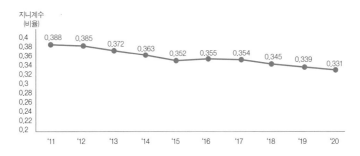

• 우리나라의 지니계수 추이(균등화 처분 가능 소득 기준)(통계청 '가계 동향 조사', '농가 경제 조사', '가계 금융 복지 조사').

② 우리나라 범죄, 특히 강력범죄가 늘고 있다?

경찰청 범죄 통계에 따르면 전체 범죄 건수는 줄어들고 있으며, 살인 등 강력 범죄도 줄어들고 있다.

	2011년	2012년	2013년	2014년	2015년	2016년	2017년	2018년	2019년	2020년
총계	1,752,598	1,793,400	1,857,276	1,778,966	1,861,657	1,849,450	1,662,341	1,580,751	1,611,906	1,587,866
살인건수	427	411	342	372	365	356	301	309	297	308

• 범죄 통계(경찰청).

③ 미세먼지가 점점 나빠지고 있다?

환경부의 월별 대기오염도($\mu g/m^3$)를 보면 전국 미세먼지(PM10) 농도는 낮아지고 있다.

구분	2015. 10	2016. 10	2017. 10	2018. 10	2019. 10	2020. 10	2021. 10
미세먼지(PM10)	48	39	33	33	32	34	27

• 월별 대기오염도(환경부).

3부

해마다 보는 '예산 기사' 제대로 읽기

17

12월 2일에 주목하라

한 해 중 가장 중요한 날은 언제일까? 자기 생일이나 결혼기념일일 수 있다. 실존적 경험에 따라 4월 16일이거나 5월 18일일 수도 있다. 예산 측면에서는 12월 2일이 가장 중요하다. 내년도 예산안이 국회에서 확정되는 날이기 때문이다.

예산은 3년 주기로 진행된다. 2020년에는 2020년도 예산이 집행된다. 동시에 2019년도 결산이 이루어지며 2021년도 예산이 편성된다. 즉 예산이 집행되는 n년도에는 n-1년 결산과 n+1년 예산이 편성되는데, 12월 2일에 내년 예산안이 '안'이라는 꼬리표를 떼고 본예산이 된다.

왜 하필이면 12월 2일일까? 국가재정법이나 국회법에 그렇게 쓰여 있을까? 아니다. 무려 이것은 헌법 조항이다. "국회는 회계연도 개시 30일 전까지 예산안을 의결해야 한다"는 헌법 제54조에 따라 12월 2일이 최종 시한이다. 그래서 예산안 처리 시한을 지키지 않으면 헌법 위반이 된다. 중앙정부 예산이 12월 2일 확정돼야 중앙정부 보조금 사업 등을 반영해 광역단체는 12월 17일까지 예산안을 확정할 수 있다. 그리고 기초단체는 광역단체 보조금 등을 반영해 12월 22일까지 확정할 수 있다. 2020년에는 다행히 법정 시한을 지켰다. 1987년 이후 여덟 번째에 불과하다.

이렇게 중요한 12월 2일이 속한 한 주간의 주요 언론 사설을 분석했다. 2020년 12월 2일이 수요일이니 월·화·수에는 예산안 통과에 관한 언론사의 바람을, 목·금·토에는 국회 예산안 심의 결과에 대한 언론사의 평가를 담아야 정상이다.

먼저 〈조선일보〉. 〈조선일보〉는 2020년 12월 1일 "내년 적자 국채 90조인데 여야 또 재난지원금 경쟁", 12월 4일 "하루 3,000억 원씩 국가 부채 증가, 어느 누가 책임질 수 있나"란 사설을 발표했다. 재정 정책은 결국 재정의 적극적 역할과 지속가능성 사이에서의 위험한 줄타기다. 언론사 성향에 따라 어떤 언론사는 적극적 역할을, 다른 언론사는 지속가능성을 높이자는 상반된 의견이 나올 수 있다. 그런 의미에서 시의성에 맞춰 명료한 의견을 사설에 담는 것 자체는 바람직하다. 다만 명확한 개념이 아쉽다.

〈조선일보〉가 말하는 "적자 국채"는 내용상 국채를 뜻하는 것으로 보인다. 국채와 적자 국채는 다른 개념이다. 적자 국채는 일반회계가 공공자금관리기금에서 빌리는 돈을 뜻한다. 일종의 내부 거래. 개념에 맞춰 국채라고 쓰자. 특히 12월 4일 사설을 보면 국회에서 예산액을 늘린 이유는 코로나 대응이라기보다 내년 재보궐선거 때문이라고 한다. 지난 2020년 4월에도 21대 국회의원 선거, 2019년 4월에도 국회의원 보궐선거, 2018년 4월에도 전국 동시 지방선거가 있었다. 내년 재보선 때문에 10년 만에 처음 국회에서 예산안을 늘렸다는 설명은 설득력이 떨어진다.

〈중앙일보〉는 12월 3일 "내년 예산 558조 원…내 돈이라면 이렇게 쓸까"라는 사설을 한 차례 다뤘다. 국채를 적자 국채라고 잘못 표현한 것은 너무 흔한 오류이니 넘어가자. 다만 역대 정부가 GDP 대비 국가채무 비율 40%를 마지노선으로 지켜왔다는 표현은 잘못이다. 국가채무 비율은 시간이 지나면서 지속해서 상승하는 지표다. 국가채무 비율 40%는 2015년 채무 비율이 마침 39%일 때 그 시점의 목표 수치일 뿐이다. 분모인 GDP는 당해년도 1년간 발생한 부가가치를 합친 유량(flow) 개념이다. 반면 분자인 국채는 작년 국채뿐만 아니라 수십 년 전 국채도 누적해서 쌓이는 저량(stock) 개념이다. 분자만 누적되다 보니 최소한 국가의 복지 정책이 완성될 때까지는 점차 늘어나는 것이 정상이다. 실제로 2002년 국가채무 비율은 불과 18%였다. 국가채무 비율

목표치는 고정된 숫자가 아니다. 경제 규모가 커질수록 조금씩 높여가는 것이 정상이다.

〈동아일보〉는 12월 3일 "여야 퍼주기 경쟁에 나랏빚 1,000조 육박", 12월 4일 "나랏빚 폭증 아랑곳없이 지역구 챙긴 여야 실세의 몰염치"라는 사설을 실었다. 〈동아일보〉는 사설에서 내년 예산안은 올해 네 차례 추경을 합한 금액보다 3조 원 이상 많다고 한다. 그러나 이는 예산안과 예산을 혼동한 잘못된 서술이다. 예산안은 국회의 심의를 통과하지 못한 것을 이르는 것으로, 정부 예산안이 국회를 통과하면 예산이 된다.

〈한국일보〉는 11월 30일 "3차 재난지원금 정교한 선별과 제때 지급이 중요", 12월 4일 "법에도 없는 소소위 예산 심사 안 한다더니"라는 사설을 다뤘다. 소소위 예산 문제를 다뤘다는 점에서 높이 평가한다. 소소위는 소위원회보다도 더 작은 위원회를 뜻한다. 그러나 정부안보다 예산이 늘어난 것은 2009년 이후 11년 만이라고 하는데, 이는 사실이 아니다. 4대강 예산을 담은 2010년에도 정부안보다 늘어난 예산이 날치기로 국회를 통과했다.

〈한겨레〉는 11월 30일 "재난지원금 담은 예산 법정 시한 지켜야 한다"는 사설을 단 한 차례만 다뤘다. 마이너스 성장이 예상되기에 법정 시한을 지켜 신속한 예산 집행을 해야 한다고 한다. 그러나 2021년 경제 성장을 마이너스로 예상하는 곳은 거의 없었다. 실제로 2021년 경제성장률은 4%였다. 불필요한 과장법은 오류를 낳기 마련이다.

〈경향신문〉은 12월 2일 "법정 시한 내 예산안 처리에 합의한 여야", 12월 5일 "공공 병원 예산이 고작 15억 원"이라는 사설을 다뤘다. 특별한 오류는 안 보인다.

예산과 재정 관련 기사를 읽어보면 오류가 없는 기사가 오히려 드물다. 그러나 오류가 있더라도 다루지 않는 것보다 낫다. 그런 의미에서 가장 문제는 〈서울신문〉이 아닐까 한다. 〈서울신문〉은 11월 30일부터 12월 5일까지 예산안 통과 주간에 단 한 차례도 예산 관련 내용을 사설에 싣지 않았다. 그 전주인 11월 26일 "3차 재난지원금 지급 적극 검토해야"라는 사설을 다룬 적은 있다.

2021년 예산은 558조 원이다. GDP 1,900조 원의 거의 30%에 이르는 큰 규모다. 더 많은 예산 기사를 정확하게 다루는 언론이 많아지기를 기대한다.

....
정부 예산안, 예산안, 예산, 본예산안, 본예산

예산안(案)과 예산은 구별해서 써야 한다. 예산안은 정부가 편성한 내년도 수입 및 지출 계획을 의미한다. 정부는 차년도 예산안을 편성해서 의회에 제출한다. 그래서 정부 예산안과 예산안은 같은 단어일 때가 많다. 의회에 제출한 예산안이 의회 심의를 거쳐 확정되면 '안'이라는 꼬리표를 떼고 예산이 된다. 그래서 의회 심의를 통과한 수입 및 지출 계획은 예산안이 아니라 예산이다. 마찬가지 논리로 1월 1일부터 12월 31일까지 적용되는 본예산의 정부 계획은 본예산안이다. 이것이 국회를 통과하면 본예산이 된다.

18

국회가 예산을 깎았다고?

지상 최대의 쇼는 무엇일까? 빌헬름 리하르트 바그너가 26년 동안 작곡했다는 초대형 오페라 〈니벨룽의 반지〉는 어떨까? 공연 시간이 16시간에 이르는 이 오페라는 보통 3박 4일 동안 봐야 한다. 로저 워터스(핑크플로이드)의 〈더 월(The wall)〉 베를린 공연도 선정될 만하다. 20만 명의 관객, 전 세계 10억 명이 지켜봤던 독일 통일 기념 공연은 빼놓을 수 없다. 공연이 시작되면서 대형 크레인이 무대 앞에 벽(wall)을 쌓는다. 벽은 높아지다가 공연이 절반이나 지났을까 싶을 때 마지막 벽돌이 무대를 막는다. 초대형 무대는 벽으로 완전히 가로막히고, 10억 명의 관객은 한참이나 초청받은 가수 얼굴조차 보지 못한다. 벽 뒤에서 부르는 가수의 노래를 들을 뿐이다. 베를린 장벽처럼 답답한 감정을 느끼게 하는 무대 연출이다.

그런데 나는 〈더 월〉 공연보다 더 크고 더 답답한 지상 최대의 쇼는 따로 있다고 생각한다. 바로 대한민국 국회의 '예산 심의 쇼'다. 〈더 월〉 공연 제작비는 70억 원이지만, 국회에서 벌어지는 지상 최대의 'K 쇼'는 600조 원이 넘는다.

국회 하면 떠오르는 단어는 법과 예산이다. 선거를 통해 선출된 국회의원이 국가 예산을 심의하는 것은 민주주의의 근본인 것 같기도 하다. 문제는 국회의 '예산 심의'가 정부가 편성한 예산안을 삭감하거나 증액하는 데 있지 않다는 것이다. 그렇게 보이게끔 만드는 쇼를 하고 있을 뿐이다.

국회의 예산 심의를 전하는 언론 기사는 온통 '쪽지 예산'으로 가득 차 있다. 국회가 쪽지를 통해 자기 지역구 예산을 증액하는 것이 마치 국회 예산 심의 과정의 본질처럼 알려져 있다. 그러나 놀랍게도 국회는 예산 증액 권한이 없다. 정부의 동의가 없으면 예산을 증액할 수 없다. 이는 국회법도, 국가재정법도 아닌 헌법 조항이다. 그래서 국회가 증액했다는 얘기는 정부가 동의했다는 의미다. 감액만 할 수 있고 증액 권한이 없는 것을 '국회 예산 심의권의 제약'이라고 표현한다.

진짜 문제는 감액도 '무늬만 감액'이라는 사실이다. 2021년도 본예산 심의 결과를 전하는 국회 보도자료에 따르면 5조9,000

억 원을 감액했다고 한다. 그중 가장 큰 규모는 '국고채 이자 지급 사업'이다. 9,000억 원이나 감액했다. 그런데 생각해보자. 국고채 이자 지급은 국채를 소지한 채권자에게 채무자인 국가가 주어야 할 이자 지급을 뜻한다. 국회에서 예산이 감액되었다고 해서 "죄송합니다. 채권자님, 안타깝게도 국회에서 예산이 삭감되었습니다. 그래서 원래 연 2% 이자를 지급한다고 계약했지만, 이자를 1%만 드리겠습니다"라고 할 수는 없는 노릇이다. 이미 정해진 금리로 이자를 지급하기로 약속한 마당에 국회 예산 삭감을 핑계로 주어야 할 이자를 덜 줄 수는 없다.

그럼 국채 이자를 삭감했다는 것은 무슨 의미일까? 그것은 국채 이자 지급액의 예측 금액을 변경했다는 뜻이다. 원래 21조 원 정도 국채 이자를 지급할 것으로 예측했는데, 다시 잘 계산해보니까 9,000억 원 정도 덜 줘도 된다고 예측 금액만 변경했다는 얘기다. 실제로 주어야 할 이자 금액을 줄이거나 그만큼 국민의 세금을 줄인다는 것은 아니다.

정부는 왜 실제 금액을 제대로 예측하지 못하고 국회에 부풀린 금액을 제출했을까? 국채 이자 지급액을 계산하는 능력이 기재부보다 국회의원이 더 뛰어나서일까? 물론 그렇지 않다. 정부가 국회에 이자 지급액을 부풀려 제출하고 국회가 이를 감액하는 일은 거의 매년 일어난다.

본예산에서 국고채 이자 금액 9,000억 원이 삭감되었는데 정부는 추경안에서 다시 1,800억 원을 증액해 국회에 제출했다. 정부의 1,800억 원 증액 요청은 받아들여졌을까? 오히려 그 두 배에 이르는 3,600억 원이 삭감되었다. 혹 떼러 갔다가 혹 붙이고 온 꼴이다. 삭감 사유를 들어보자. 2021년도 발생 국채 이자를 2.4%로 예측했는데 이미 3월 말까지 발행한 국채 금리는 2% 이내다. 그럼 이미 절약한 이자 금액만큼은 최소한 추경에서 감액해야 한다는 것이다. 매우 합리적이다.

왜 이렇게 합리적인 국고채 이자 지급액 예측을 국회는 할 수 있고 기재부는 할 수 없었을까? 혹시 기재부가 몰랐던 것이 아니라 감액 여력을 국회에 제공하는 것 아닐까? 국회는 기재부가 제공한 감액 선물을 발표할 뿐이면서 국회가 국민의 세금을 아끼고자 불요불급한 예산을 삭감했다고 쇼하는 것 아닐까?

국회는 헌법에 따라 증액은 할 수 없다. 게다가 감액조차 기재부가 국회에 제공한 선물을 받을 뿐이라면, 결국 국회의 예산 심의는 말 그대로 지상 최대의 쇼에 불과하다. 실제로 2021년 국회 감액 5조9,000억 원 중에서 이런 무늬만 감액 사업을 찾아보니 최소 4조2,000억 원에 이르렀다. 국회 감액 사업의 상당 부분은 쇼라는 얘기다.

국민의 대표가 정부가 편성한 예산을 심의하는 것은 민주주의의 핵심 기능이다. 그런데 국회는 공식적으로 증액의 권한이 없고 감액도 쇼에 불과하면 도대체 국회의 존재 이유가 무엇일까? 아니 이것을 민주주의라고 할 수 있을까?

국채

국채는 국가가 발행한 채권을 말한다. 꼭 돈이 모자라서 국채를 발행하는 것은 아니다. 국가는 특정 지출 행위에 맞는 적절한 자금 조달 방안을 고려한다. 세금을 통해 자금을 조달하기도 하고, 부담금을 통해 조달하기도 한다. 또는 채권 시장에서 자금을 조달하는 것이 효율적일 때도 있다. 예를 들어 기축통화 국가가 아닌 우리나라는 달러 같은 외환을 비축해놓고 있어야 한다. 이 외환을 매입하는 자금을 조달하는 수단으로 국채가 활용된다. 우리가 낸 세금으로 수백조 원어치 외화를 살 수는 없다. 국가는 적절한 이자가 표시된 증권, 즉 국채를 시장에 내놓아서 자금을 조달한다.

예를 들어보자. 정부가 2% 이자가 표시된 1조 원짜리 10년 만기 채권을 국채 시장에 내놓는다고 하자. 국채 매입자는 1조 원을 정부에 주는 대신 매년 2% 이자를 받는다. 국가는 10년 동안 이자를 주다가 10년 뒤에 원금을 갚아야 한다. 10년 뒤에는 무슨 돈으로 국채를 갚을까? 사실 국채를 모두 상환하는 나라는 역사적으로 거의 없다. 10년 뒤에 국채를 또다시 발행해서 갚는다. 이때 인플레이션이 2% 이상 발생하면, 국가는 원금 상환의 부담이 줄어든다. 특히 국채를 통해 조달한 사업 부문에서 2% 이상의 경제성장이나 효용이 발생한다면, 국채 발행의 효용이 비용을 앞지르게 된다.

19

'슈퍼 예산'에는 근거가 없다

2022년도 정부 예산안이 발표됐다. 사상 최초로 정부 총지출이 600조 원을 넘어섰다. 604조 원이면 많은 것일까, 적은 것일까? 한국 재정 현실이 감내할 수 없을 정도로 많은 것일까? 코로나19 상황에서 정부가 적극적 역할을 하기에는 부족하지 않을까? 정답은 없다. 그러나 틀린 답은 있다. 재정의 지속가능성을 걱정해도 되고, 적극적 재정 역할을 강조해도 된다. 어느 입장을 택했는지가 중요하지 않다. 입장에 따라 나름의 논리적 완결성을 갖췄다면 둘 다 맞는 말이다. 그러나 판단 근거가 되는 자료가 논리적 정합성이 떨어지면 틀린 얘기다. 틀린 보도를 보자.

사상 최대 예산액이 편성됐기 때문에 "슈퍼 예산"이라는 말은 틀린 보도다. 많은 언론은 2017년에도 예산안을 사상 최대라며 "슈퍼 예산"이라고 표현했다. 2017년은 긴축 재정이었다. 2017년 총지출 증가율은 3.7%다. 경상성장률 5.4%에도 미치지 못했다. 당시 언론들이 슈퍼 예산이라고 한 근거는 무엇일까? 386조 원에서 400조 원으로 앞자리가 "사상 최초"로 4로 바뀌었다는 것이 거의 유일한 논리였다.

2018년도 통합 재정 수지가 31조2,000억 원 역대급 흑자를 기록할 정도의 긴축 예산이었다. 큰 폭의 재정 수지 흑자로 국가 채무 비율이 오히려 줄어들었다. 그런데도 언론들은 지출 규모가 사상 최대라며 "슈퍼 예산"이라고 표현했다. 특히 2017년보다 더 커졌다며 "초슈퍼 예산"이라는 단어도 일부 언론에 등장했다.

경제 규모는 매년 커지고 복지 등 국가 역할도 계속 증대하므로 사상 최대 수치를 매년 갈아치우는 것은 당연하다. 그렇다면 언론에서 슈퍼 예산보다 초슈퍼 예산이라는 단어를 더 선호할 때는 언제일까? 앞자리가 400조 원에서 500조 원으로 바뀔 때, 그리고 600조 원으로 바뀔 때다. 결국 매년 사상 최대 수치를 갱신하는 국가 재정은 항상 슈퍼 예산이고, 앞자리 숫자가 바뀌면 초슈퍼 예산이다. 한번 예측해본다. 한국 예산안도 언젠가는 1,000조 원이 넘을 것이다. 그때는 언론이 '울트라초슈퍼 예산'이라고 부르지 않을까?

이번 예산안이 사상 최대이기 때문에 슈퍼 예산이 아닌 것은 확실하다. 하나, 둘, 셋 다음에 '많다'가 아닌 것처럼, 앞자리가 500조 원에서 600조 원으로 바뀌었기 때문에 초슈퍼 예산이 아닌 것도 확실하다. 그럼 604조 원이 넘는 예산이 과연 확장 예산인지, 슈퍼 예산인지 어떻게 파악할 수 있을까?

첫째, 절대 액수가 아니라 증감률을 따져야 한다. 절대 액수는 매년 최대가 되는 것이 정상이다. 그렇다면 전년도보다 얼마나 증가했는지 증감률을 최근 총지출 증감률과 비교해보자. 본예산 기준 총지출 증가율은 2019년, 2020년, 2021년 각각 9.5%, 9.1%, 8.9%다. 내년도 총지출 증가율은 8.3%다. 최근 총지출 증가세가 좀 꺾였다. 슈퍼 예산은 정상 예산(노멀 예산)과 대비되는 말이다. 3년 만에 가장 낮은 증감률을 보인 내년 예산을 슈퍼 예산이라고 표현하는 것은 좀 어색하다. 다만 코로나19 이전 연평균 증감률보다는 다소 높다. 슈퍼 예산은 아니지만, 확장 예산이라고 할 만하다.

둘째, 경상성장률, 세입 확대 규모, 재정 수지 등 다른 재정 지표를 통해 종합적으로 판단해야 한다. 상식적으로 지출 증대율이 경상성장률이나 세입 증대율보다 낮으면 긴축 예산이다. 경상성장률은 경제성장률에 물가 성장률을 더한 개념이다. 재정 지표는 경제성장률보다 경상성장률과 상관관계가 더 크다. 2021년도 경상성장률 예측치는 6.2%로 최근 10년 내 가장 높다. 2022년도 총수입 증가율은 무려 13.7%다(추경 기준 6.7%). 이 또한 10년 내 가장 높은 증가율이다.

2021년 높은 경상성장률 예측치에 힘입어 내년 세수 증가가 13.7%나 되니 2022년 8.3% 증대는 그리 슈퍼답지 않다. 2022년 GDP 대비 통합 재정 수지 규모는 -2.6%로 코로나19 이후 2020년(-3.7%), 2021년(-4.4%)에는 미치지 못하지만, 코로나19 이전보다는 큰 폭의 적자다. 정리하자면, 10년 내 최대 증가인 경상성장률이나 총수입 증가를 고려하면 슈퍼까지는 아니나, 통합 재정 수지 적자를 보면 확장적 성격을 띠고는 있다. 확장적 성격은 있으나 그 추이는 꺾여서 코로나19 출구 전략을 모색한 정도라는 평가가 적절해보인다.

셋째, 통시적 시각으로 과거와 비교하는 것도 중요하지만 공시적 시각으로 OECD 국가와 비교하는 것도 중요하다. 코로나19 상황을 고려해야 하기 때문이다. 2022년도 한국 재정 수지 적자는 GDP 대비 -2.6%다. OECD 평균 -6%에 비하면 매우 건전하다. 다만 -1.6%인 독일보다는 낮다. 독일은 코로나19가 한창인 2020년과 2021년 한국보다 더 큰 규모의 재정 수지 적자를 감내했기에 2022년은 상대적으로 건전한 것으로 해석할 수 있다.

언론은 단어를 고를 때 주의해야 한다. 특히 제목에 정확한 단어를 써야 한다. 슈퍼 예산이라는 단어를 썼다면, 왜 정상 예산이 아닌 슈퍼 예산인지 명확히 설명해야 한다. 사상 최초로 앞자리 숫자가 6으로 바뀌었기 때문에 초슈퍼 예산이라는 단어를 쓰는 것은 적절하지 않다. 마찬가지로 국가 부채 앞자리 숫자가 사상 최초로 1,000조 단위로 바뀌었기 때문에 슈퍼 예산이라는 설명도 적절하지 않다. 정상 범위를 벗어났다는 슈퍼라는 감정적 단어를 쓰면서 정확한 설명이 없기 때문이다. 독자는 기사 속 단어의 어감에 좌우되면 안 된다. 어감보다 중요한 것은 팩트다.

자, 복습이 필요하다. 재정 수치를 판단하는 기준은 첫째, 절대 액수가 아닌 증감률, 둘째, 경상성장률, 세입 확대 규모, 재정 수지 등 다른 재정 지표를 고려한 종합적 판단, 셋째, OECD 국가 등과 공시적 비교이다. 이를 통해 긴축인지, 확장인지, 슈퍼인지 판단해보자.

핵심 용어
경제성장률, 명목성장률, 실질성장률

경제성장률은 한 나라 경제 규모의 변화를 나타낸다. 경제 규모는 보통 GDP(국내총생산)로 나타내는데, GDP 변화율이 명목성장률이며 이를 경상성장률이라고도 말한다. 즉 작년 GDP 가 100조 원에서 올해 110조 원으로 변화하면 명목상 성장률은 10%다. 그런데 물가가 10% 올랐다면 명목상 성장률은 10%지만 실질적으로는 '똔똔'이다. 전혀 성장한 것이 아니다. 그래서 명목 성장률에서 물가 상승률을 차감한 개념이 실질성장률이다. 주로 경제성장률은 실질성장률을 의미한다. 우리나라에 있는 사람의 실질적 경제성장 정도는 명목성장률이 아니라 실질성장률이 더 중요하다. 그러나 국가의 세수입은 실질성장률보다 명목성장률 이 더 중요하다. 실질성장률이 그대로여도 물가가 오르면 세수는 증대하기 마련이다.

20

'쪽지 예산'은 이제 존재하지 않는다

정부가 국회에 제출한 2022년도 예산안 규모는 604조4,000 억 원이다. 국회 심의 과정에서 607조7,000억 원으로 조금 늘었 다. 심의 과정에서 8조9,000억 원이 증액되고 5조6,000억 원이 감액된 결과라고 한다. 그런데 국회 증액 8조9,000억 원은 어디 서 어떤 논의를 통해 증액되었을까?

8조9,000억 원 중 언론에 공개되는 공식적인 국회 심의를 통 해 증액된 명세는 0원이다. 국회 예결위 증액 심의는 비공식 협 의체인 이른바 소소위에서 100% 이루어진다. 한 달여 동안 국회 예결위에서 예산 심의가 진행되고 그 과정이 보도된다. 그러나 이 모든 논의에 증액 심의는 빠져 있다. 오로지 감액 심의만 존재 한다. 국회 예결위에서 증액 심의를 하지 않는다는 사실은 2014

년 〈뉴스타파〉의 보도로 알려졌다. 나는 당시 이 사실이 언론을 통해 보도되면 세상이 뒤집힐 줄 알았다. 그러나 착각이었다. 7년이 지난 지금도 국회 예산 증액 심의를 보도하는 언론의 태도는 지엽적인 '쪽지 예산' 비판에 머물고 있다.

쪽지 예산은 무엇일까? 원래 국회 예산안 심의 자료에 존재하지 않았던 증액 사업이 비공식적인 쪽지나 카카오톡 등을 통해 갑자기 등장해서 늘어나는 예산을 뜻한다. 그러나 이 같은 쪽지 예산이 최근에는 거의 존재하지 않는다. 서면 질의를 통해 증액 의견을 공식적으로 제출하기 때문이다. 즉 서면 질의라는 공식적인 절차를 통해 국회에 제안된 사업은 증액되지만, 출처가 불분명한 사업이 증액되는 일은 대단히 드물다. 그래서 정성호 전 국회 예결위 소위 위원장은 "중간에 증액 요구를 넣는 것은 사실상 불가능하게 된 지 오래다. 과거의 쪽지 예산이 국민 인식 속에 남은 데는 언론의 책임도 있다고 생각한다. 국회 문화의 변동을 언론이 따라가지 못하는 일종의 문화 지체 현상이다"라고 말한 바 있다.

국회발 증액 예산의 실체를 들여다보자. 일단 중간에 '갑툭튀' 증액된 쪽지 예산은 아니다. 예결위 심의 전 서면 질의를 통해 논의하자고 공식적으로 요청한 증액 의견이다. 이런 국회발 증액 예산은 상당수가 지역 사회간접자본(SOC) 사업이다. 도로나 철도 관련 증액 예산이다.

그런데 도로나 철도 증설은 중기 계획에 이미 들어가 있는 사업이 대부분이다. 앞마을에서 뒷마을까지 철도가 놓인다는 계획은 이미 잡혀 있다. 정부 예산안에도 금액이 이미 반영되어 있다. 정부안에 이미 예산이 편성된 SOC 사업을 국회에서 증액하는 것이 어떤 의미가 있을까? 원래 쇠로 만들 철길을 티타늄으로 바꾸자는 것이 아니다. 두 줄로 놓일 철길을 세 줄로 바꾸자는 것도 아니다.

2016~2018년 국회 증액 사업 예산을 분석해본 적이 있다. 놀랍게도 분석 대상 241건 중 58건은 절반도 쓰지 못했다. 못 쓴 돈만 2,000억 원이 넘었다. 40건은 아예 한 푼도 집행되지 않았다. 쓰지도 못할 사업을 왜 국회에서 증액했을까? 나는 이를 '현수막용 예산'이라고 부른다. 정치인은 지역 현수막에 '예산을 따왔다'고 홍보한다. 결국, 국회발 증액 예산은 쪽지 예산도 아니고 실질 증액 예산도 아니다. 대한민국 헌법에 따라 국회에서 증액하고자 하면 정부의 동의가 필요하다. 그리고 기재부가 동의를 잘해주는 국회발 증액 사업은 증액해봐야 잘 쓰지도 못할 지역 SOC 사업이다. 언론이 단순하게 "쪽지 예산"이라고 표현하는 국회발 증액 사업의 실체는 이렇게 기재부와 정치인이 짝짜꿍해서 만든 현수막용 예산일 뿐이다.

이러한 국회 예산 심의의 실체를 말해도 언론이 보도하는 내용의 핵심은 여전히 '지역 정치인이 선심성 예산을 따가느라 혈세를 낭비한다'는 쪽지 예산론에 머문다. 이는 사실 관계와 맞지 않을 뿐 아니라, 문제의 핵심인 '소소위의 비공개 심의'에 집중하지 못하게 만든다. 독자는 국회 예산안 심의 보도를 볼 때 국회의원 지역 증액 사업에 지나친 관심을 가질 필요 없다. 금액 위주로 보자. 가장 많이 증액된 사업이 무엇인지, 가장 많이 감액된 사업이 무엇인지 찾아보자.

국회 예산 심의 절차

예산 편성은 정부의 고유 권한이다. 국회는 심의만 한다. 정부가 편성한 예산안을 변경해 확정한다. 정부의 예산안을 확정하는 절차를 '국회 예산 심의 절차'라고 한다.

국회는 각 상임위원회에서 일차적으로 예비심의를 한다. 상임위원회란 국회의원이 소속된 전문 분야별로 만든 위원회 조직이다. 예를 들면 교육위원회는 교육부 예산을, 법제사법위원회는 법무부 예산 전체를 심의한다. 각 상임위 심의 이후 국회 예산결

산특별위원회(예결위)의 본심의를 거친다. 예결위에서는 각 상임위에서 변경된 예산안과 예결위에서 다루고 싶은 예산안을 논의를 거쳐 확정한다. 예결위 심의를 마친 예산안은 국회 본회의에서 의결되면 예산안이 확정된다. 즉 상임위에서 예비심의, 예결위에서 본심의가 이루어진다. 그리고 의결 기구인 본회의에서 의결을 거쳐 확정한다.

21

재정 건전성의 기준은 다양하다

뻔한 것은 재미가 없다. 나는 한화 이글스 팬이다. 그러나 2020년 올해 9회까지 본 한화 이글스 경기는 거의 없다. 결과가 뻔하기 때문이다. 가을야구까지 바라지도 않는다. 탈꼴찌의 가능성도 없다.

마찬가지다. 나는 재정을 분석하는 사람이지만 국가채무 관련 언론 기사 중 끝까지 읽은 기사는 거의 없다. 결과가 뻔하기 때문이다. '국가채무 비율 40%를 넘었는데, 이는 재정 건전성에 위배된다' 정도의 논리다. 언론사 성향에 따라 '코로나19의 위기에서 국가채무 비율 40% 초과는 불가피하다. 미국이나 일본 등 채무 비율은 더 높다' 정도의 논리를 첨가하기도 한다. 둘은 다른 듯하지만 국가채무 비율 40% 초과 여부가 재정 건전성을 가르는 잣대라는 대전제는 같다. 하지만 국가채무 비율 40%라는 잣대는 그리 중요한 것이 아니다. 재정의 지속가능성을 판단하는 데는 여러 평가 기준이 있다. 국가채무 비율은 여러 잣대 중 하나일 뿐이다.

일단 국가채무 비율이 무엇인지부터 생각해보자. 국가채무 비율은 국가채무를 국내총생산(GDP)으로 나눈 값이다. 그럼 국가채무란 무엇일까? 국가채무는 중앙정부와 지방정부의 채무를 뜻한다. 결국 국가채무 비율이란 국채나 차입금 등을 GDP로 나눈 값이다. 개념은 간단하다.

그런데 국가채무도 국가채무 나름이다. 쉽게 예를 들어보자. 연봉이 5,000만 원인 두 사람이 있다. 한 사람은 빚이 1억 원이고, 다른 사람은 빚이 1,000만 원이다. 누구 재정 상태가 더 건전할까? '알 수 없다'가 정답이다. 빚이 1,000만 원인 사람은 생활비가 없어서 카드론 대출을 받은 사람이다. 그러나 빚이 1억 원인 사람은 10억 원짜리 주택을 사면서 담보 대출을 받은 사람이다. 단순히 빚(국가채무)을 연봉(GDP)으로 나눈 수치는 오해의 소지가 크다.

국가도 마찬가지다. 국가채무 중 대응 자산이 있는 채무도 있지만 그렇지 않은 채무도 있다. 대응 자산이 있는 채무란, 예를 들면 외화 매입 용도로 발행하는 국채다. 한국은 기축통화국이 아니다. 그래서 많은 외화를 보유해야 한다. 외화를 사려면 돈이 필요한데 대부분 국채를 발행해서 마련한다. 즉 외화를 매입하고자 국채를 발행하면 발행량 전체가 국채가 된다. 그러나 외화라는 대응되는 자산 자체에 상환 능력이 있어 걱정하지 않아도 된다.

2020년 국가채무 847조 원 가운데 약 40%에 가까운 330조 원은 대응 자산이 있는 채무다. 그런데 걱정할 필요 없는 채무(대응 자산이 있는 채무, 금융성 채무)와 걱정해야 하는 채무(대응 자산이 없는 채무, 적자성 채무) 두 개를 섞어놓고, 이 둘을 합친 채무 비율이 40%를 넘어가면 재정이 건전해지지 않는다는 기준은 불완전하다.

만약 이 둘을 합친 채무 비율을 일정하게 유지해야 한다면, 정부는 꼼수를 쓰고 싶어진다. 실제로 정부는 2020년 제2차 추경에서 "세출 구조 조정"이라는 이름으로 외국환 평형 기금(주로 외화 매입 자금을 위해 설치한 기금) 지출을 2조8,000억 원 줄였다. 2조8,000억 원 국채를 덜 발행한 것이다. 그만큼 대응되는 외화 자산도 덜 생겼다. 국채 발행량은 줄었지만 이를 통해 지킬 수 있는 재정 건전성 효과는 대단히 제한적이다. 그런데 어쩌겠는가? 다들 국채 비율이 40%가 넘는지만을 들여다보고 있으니 재정 건전성과 상관없는 금융성 채무라도 줄여서 국채 비율을 줄이고 싶은 생각이 들기 마련이다.

참고로 한국 국가 부채 비율은 2020년 GDP 대비 48%지만,

대응되는 자산이 있는 부채를 제외한 순부채는 GDP 대비 18%다. 한국보다 부채 비율이 더 건전하다고 알려진 뉴질랜드(총부채 48%, 순부채 21.3%)나 체코(총부채 39.1%, 순부채 27.3%)보다 GDP 대비 순부채 비율은 더 건전하다.

국가 '채무' 비율 40%를 절대적 기준인 양 쓰는 언론도 문제지만, 국가 '부채' 비율을 40%라고 쓰는 언론은 더 큰 문제다. 아예 팩트가 틀리다. 채무와 부채는 다른 개념이다. 채무는 현금주의 개념으로 국채나 차입금 등을 뜻한다면, 부채는 발생주의 개념으로 실제로 갚아야 할 모든 경제적 지출을 의미한다. 국가 부채(일반정부부채, D2) 비율은 이미 2015년도에 40%를 넘었다.

재정의 지속가능성을 짐작할 수 있는 잣대는 국가채무 비율 외에도 많은 기준이 있다. 앞서 말한 순부채 비율이나 국가 부채 비율은 물론이고, 국채 이자 비율이나 공공부문부채 비율, 재정 수지 비율 등 다양하다. 이러한 기준을 종합적으로 판단하고 비판하는 기사를 보는 것과 한화 이글스가 우승하는 것 중 무엇이 더 쉬울까?

국가채무(D1), 일반정부부채(D2), 공공부문부채(D3)

나랏빚을 측정하는 단위는 여러 가지가 있다. 그중 우리나라에서 주로 쓰는 국가 부채 개념은 세 가지다.

첫째, 국가채무(D1). 국가채무는 우리나라 중앙정부와 지방정부가 빌린 돈의 총합이다.

둘째, 일반정부부채(D2). 일반정부부채는 우리나라 중앙정부와 지방정부 등(국민건강보험공단과 같은 넓은 의미의 정부도 포함)이 실질적으로 갚아야 할 부채 양의 총합이다. 채무는 법적으로 갚아야 할 현금주의적인 개념이라면, 부채는 경제적으로 갚아야 할 발생주의적 개념이다.

셋째, 공공부문부채(D3). 공공부문부채는 일반정부부채(D2)에 비금융 공기업 부채를 합산한 개념이다. 일반적으로 국제 비교에는 일반정부부채(D2)가 가장 널리 쓰이고, 기획재정부가 재정 건전성을 관리하는 데는 국가채무(D1)가 주로 쓰인다.

22

재무제표상 부채 금액 자체가
문제는 아니다

대부분 언론이 매년 틀린 뉴스를 되풀이하는 때가 있다. 바로 국가의 재무제표 결산이 발표될 때다. 2022년 4월 5일 정부가 의결한 '2021 회계연도 국가 결산'에 따르면 국가 부채가 2,200조 원이라고 한다. 얼마 전에 우리나라 국가 부채가 1,000조 원이어서 큰일 났다는 기사를 본 것 같은데 갑자기 2,000조 원이 넘는다고 하니까 좀 이상하기는 하다. 물론 국가 부채가 2,200조 원이라고 말하면 잘못된 표현이다. 재무제표상 부채가 2,200조 원이다. 일반적으로 나랏빚으로 자주 쓰이는 국가채무(D1)는 약 1,000조 원이다.

재무제표상 부채를 국가 부채라고 잘못 표기하면 모두가 불행해진다. 국가 지출 규모를 늘리고 싶은 사람은 당연히 불행해 재정 건전성을 위해 국가 부채를 줄이고 싶은 사람도 같이 불행해진다. 여태껏 국가 부채가 1,000조 원이라서 줄여야 한다고 말해왔는데, 별안간 2,000조 원이라니까 1,000조 원 국가 부채는 괜찮아 보이기 때문이다.

재정 여력을 평가하고자 관리 대상으로 하는 국가 부채 지표로 D1(국가채무), D2(일반정부부채), D3(공공부문부채)가 있다. 많은 언론에서 2,000조 원이라고 표현하는 국가 부채는 D1, D2, D3 모두 아니다. 그냥 재무제표상 부채 총액을 뜻한다. 재무제표상 부채 총액을 국가 부채라고 칭하면 안 되는 이유는 충당 부채(지출의 시기나 금액이 불확실한 부채) 때문이다. 예를 들어보자. 우리나라에서 가장 부채가 많은 기업은 어딜까? 삼성전자일까? 아니다. 국민은행이다. 국민은행 총부채는 570조 원에 이른다. 삼성전자 총부채가 약 100조 원인 것과 비교하면 얼마나 큰지 짐작이 된다. 2021년 늘어난 국민은행 부채만 100조 원에 육박한다. 그럼 이런 제목이 가능하다. '국민은행 부채 GDP의 30%', '국민은행 직원 1인당 부채 210억 원'. 만약 모든 언론 제목이 이렇게 도배된다면 진짜로 뱅크런(예금 인출 사태)이 일어날 수도 있다. 이런 식의 기사는 자기실현적 기능이 있으므로 국민은행은 망할 수도 있다.

그런데 국민은행 부채는 걱정할 필요 없다. 예수 부채(은행, 증권 등의 금융 회사가 불특정 다수를 상대로 조달한 자금)만 340조 원이 넘기 때문이다. 예수 부채란 우리가 돈을 맡기면 국민은행이 인식해야 하는 부채 계정이다. 상식적으로 우리가 맡긴 돈을 언젠가는 내주어야 하니 국민은행 쪽에선 부채다. 결국 국민은행의 재무 건전성은 부채 전체 규모만으로 알 수 없다. 대응되는 자산도 같이 봐야 한다. 대응 자산에 해당하는 대출 채권 규모가 380조 원에 달하니 안심해도 된다. 국민은행이 예수 부채가 많다는 것은 국민은행이 영업을 잘해서 많은 예금을 예치했다는 긍정적 신호다.

마찬가지다. 공무원이나 군인이 공무원연금이나 군인연금에 돈을 납입하면 연금 충당 부채가 발생한다. 공무원이나 군인이 낸 돈에 일정 부분을 보태서 나중에 줘야 하니 국가가 부채로 인식하는 것은 당연하다. 만약 정부가 공무원연금 납입금을 강제로 늘린다면 어떤 일이 벌어질까? 예를 들어 공무원 월급의 90%를 연금에 강제로 납입하게 해서 연금 수지가 큰 폭의 흑자를 기록했다. 그 덕분에 우리나라 재정이 건전해져도 공무원연금 충당 부채는 급증한다. 납입한 돈 전액이 충당 부채로 인식되기 때문이다. 그때도 연금 충당 부채가 많아서 재정 건전성이 나빠졌다고 할까?

회계의 원칙은 자산과 부채를 '퉁치면' 안 된다는 것이다. 자산은 자산대로 인식하고 부채는 부채대로 총액을 인식해야 한다. 그래서 공무원이 연금에 돈을 많이 낼수록 연금 충당 부채는 비약적으로 증가할 수밖에 없다. 부채 총액만 보면 안 된다. 늘어나는 자산을 같이 봐야 한다.

그래서 연금 충당 부채의 전체 액수는 아무런 의미가 없다. 공무원연금의 재정 건전성을 평가하는 데 필요한 잣대는 연금 수지 적자 규모다. 재무제표상 부채가 이미 2,000조를 초과했다는데 연금 수지 적자 3조 원 정도가 무슨 의미 있을까? 부채 규모를 과장하면 정말 눈여겨보아야 할 3조 원 적자는 우습게 느껴질 수 있다. 재정 건전성을 지키려는 노력에 오히려 해가 될 수 있다. 산업부 기자가 '국민은행 예수 부채 증가해서 국민은행 건전성이 나빠졌다'는 기사를 쓰면 데스크를 통과하지 못한다. 데스크를 통과했다면 비웃음거리가 될 수밖에 없다. 그러나 경제부에서는 공무원연금 충당 부채에 관한 잘못된 기사를 매년 반복한다.

독자는 기사를 볼 때 숫자가 지나치게 달라지면 의심해야 한다. 그동안 1,000조 원의 국가 부채가 갑자기 2,000조 원이 넘으면 기준이 달라졌다고 생각해야 한다. 공무원연금 충당 부채가 많아서 문제라는 기사를 읽어도 '공무원연금 충당 부채가 많으면 왜 문제일까?'라고 생각해야 한다. 공무원연금 충당 부채가 무엇인지 잘 몰라서 그런 생각을 할 수 없다고? 거꾸로 생각해야 한다. 공무원연금 충당 부채가 무엇인지 잘 모르기 때문에 공무원연금 충당 부채가 많아서 문제라는 기사를 그대로 믿으면 안 된다. 내가 무엇을 알고 무엇을 모르는지를 아는 것이 진정 아는 것이다.

재무제표

재무제표는 재무(財務)와 관련한 제표(諸表)를 뜻한다. 여기서 제(諸)는 '모두 제'이다. 즉 재무와 관련한 다양한 표를 통칭한다.

재무와 관련한 표는 여러 가지가 있다. 재산이 얼마나 많고 부채가 얼마나 많은지(재무 상태)를 나타내는 재무상태표, 수익과 비용이 어떤지를 나타내는 손익계산서, 자본의 변동을 나타내는 자본변동표, 현금의 흐름을 나타내는 현금흐름표 등 다양한 채무 자료를 모두 재무제표라고 부른다.

23

기획재정부도 틀릴 때가 있다

국가 부채 논쟁은 일상이다. 국가 부채 문제는 매일 언론에서 다룬다. 관점은 다양할수록 좋다. 그러나 최소한의 기본적 사실은 공유해야 한다. 그렇다면 우리나라 국가 부채는 얼마나 될까? 기재부 공식 자료를 인용하면 되지 않을까? 놀랍게도 그렇지 않다. 그동안 기재부의 국가 부채 수치 자체가 오류였다.

국가 부채도 종류가 있다. 보통 국가채무(D1)라고 불리는 금액이 언론에 가장 많이 소개된다. 국가가 발행한 국채 등 채무를 합산한 금액이다. 그런데 이 국가채무 인식 기준은 우리나라에서 만든 기준이다. 그래서 국제 비교에는 적합하지 않다. 국가 부채 규모를 국제 비교하려면 공통적인 국제 지침에 따라 작성된 일반정부부채(D2)를 사용해야 한다. 일반정부부채는 모든 나라가 같은 국제 지침을 따르므로 비교할 수 있다. 특히 경제적 실질을 반영하는 발생주의가 기준이어서 각 나라의 재정 지출 특성에 따른 왜곡 요소도 현금주의보다 적다. 한마디로 말해서 우리나라 국가부채 수준을 외국과 비교하고자 한다면 언론에 더 많이 나오는 국가채무가 아니라 일반정부부채로 비교하는 것이 좋다.

유형	'20년 규모 (GDP 대비)	포괄 범위	산출 기준	활용
국가채무 (D1)	846.6조 원 (43.8%)	중앙 및 지방정부의 회계·기금	국가재정법, 현금주의	국가 재정 운용 계획
일반정부부채 (D2)	945.1조 원 (48.9%)	D1+ 비영리 공공 기관	국제 지침, 발생주의	국제 비교 (IMF,OECD)
공공부문부채 (D3)	1,280.0조 원 ('20년, 66.2%)	D2+ 비금융 공기업	국제 지침, 발생주의	공공 부문 재정 건전성 관리

• 〈월간재정동향〉 2022년 1월 호(기획재정부). 국가 부채 국제 비교에는 D2가 활용된다고 명시되어 있다.

그럼 우리나라의 일반정부부채는 얼마일까? 외국과 비교하려면, 보통 그 나라 GDP를 감안한 국가 부채 비율을 사용한다. 우리나라 기재부의 공식 통계자료인 〈월간재정동향〉에는 OECD 자료를 인용한 일반정부부채 국제 비교 자료가 있다. 기재부의 공식 통계가 그러하니 우리나라 2020년도 일반정부부채는 48.9%라고 보도한다.

구분	일반정부부채(단위: GDP 대비, %)								
	2012	2013	2014	2015	2016	2017	2018	2019	2020
이탈리아	137.5	145.0	158.0	158.9	155.8	152.5	147.8	155.7	183.9
일본	205.3	208.4	215.0	217.7	218.8	218.5	221.9	223.0	237.3
한국	35.0	37.7	39.7	40.8	41.2	40.1	40.0	42.1	48.9
프랑스	111.9	112.4	120.0	120.9	124.2	123.3	121.1	123.5	146.5
독일	88.6	83.9	83.8	79.8	77.1	72.3	69.0	67.4	78.8
영국	107.0	102.7	112.5	111.9	118.6	119.2	115.7	118.5	154.4
미국	102.8	104.3	104.2	104.8	106.8	105.9	107.2	108.5	133.9
OECD 평균	107.1	108.2	111.3	111.3	111.9	109.7	108.9	109.9	130.4

• 일반정부부채(D2) 국제 비교. 한국의 경우 정부 작성 일반정부부채(D2), 다른 국가의 경우 OECD 작성 일반정부부채(D2). 〈월간재정동향〉 2022년 1월 호(기획재정부).

문제는 OECD 수치와 〈월간재정동향〉에서 인용했다는 OECD 수치가 다르다는 점이다. 기재부는 분명히 출처를 OECD로 명시했다. 그러나 OECD 홈페이지에서 관련 자료를 확인하면, 유독 우리나라만 수치가 다르다. 기재부 자료에 따르면 2020년 우리나라 일반정부부채 비율은 48.9%다. 그러나 OECD 홈페이지에 따르면 우리나라 부채 비율은 45.4%다. 2020년만 수치가 다른 게 아니다. 모든 연도 수치가 다르다.

물론 작은 글씨로 설명이 달려 있다. 다른 국가는 OECD 자료를 그대로 인용했지만, 한국은 기재부 내부 작성 수치로 교체했다는 설명이다. 이게 무슨 말일까? 우리가 일반정부부채를 사용하는 이유는 국제적으로 비교하기 위해서다. 모든 나라가 같은 기준으로 작성한 수치여야 비교할 수 있다. 우리나라만 다른 기준을 사용한다면 비교 가능성이 사라진다.

기재부 내부 기준이라는 것은 무엇일까? 그것은 OECD 기준이 아니라 IMF 기준을 말한다. OECD 산출 기준과 IMF 산출 기준은 다르다. OECD는 SNA(System of National Accounts, 국민 계정 체계)라는 기준, IMF는 PSDS(Public Sector Debt Statistics, 공공 부문 채무 작성 지침)라는 기준을 통해서 국가 부채를 산출한다. 이런 상황에서 다른 나라는 OECD 기준을 사용하고 우리나라만 IMF 자료를 사용해서 비교하면 안 된다. 만약 OECD 자료를 통해 비교하고자 한다면 우리나라도 SNA 기준으로 작성한 수치를 사용해야 한다.

기자는 전문가가 아니기 때문에 기재부가 발표한 공식 통계를 그대로 인용할 수 있다. 기자에게 필요한 것은 전문성보다 문제의식으로 가득 찬 아마추어리즘일지 모른다. 아마추어리즘으로 무장한 기자라면, 우리나라만 다른 수치를 사용했다는 문구를 봤을 때 낯설게 느껴지지 않을까? 오히려 〈월간재정동향〉을 너무 많이 본 사람일수록 '그거 원래 그래'라고 생각한다. 익숙하기 때문이다. 하지만 아마추어리즘은 '원래 그래'라는 말에 물음표를 붙이는 힘을 준다. 기재부가 인용했다는 OECD 자료를 교차 검사하고, 우리나라만 숫자가 다르다면 그 이유를 전문가나 기재부 담당자에게 물어봐야 하지 않을까?

OECD와 IMF

OECD(경제협력개발기구)와 IMF(국제통화기금)는 여러 국가가 회원국으로 가입된 국제기구다.

OECD는 가입국 회원들의 경제적 협력을 증진하고자 창설되었다. 흔히 OECD는 선진국 모임으로 인식되고 있다. 유럽 선진 국가들 및 영국, 미국, 캐나다, 오스트레일리아 등 영미권 국가, 한국, 일본 등 대부분의 선진국이 가입되어 있지만, 멕시코, 콜롬비아 등 개발도상국도 가입되어 있다.

IMF는 외화가 부족해 채무를 이행하기 어려운 국가에 달러를 융통해주는 역할을 한다. OECD 가입국은 주로 친서방 국가 38개 국에 불과하지만, IMF 가입국은 유엔 가입국에 맞먹는 190개 국에 달한다.

24

더했더니 예산안 100%를 넘는
마법이 벌어지는 이유

청와대를 개방하면 연간 2,000억 원의 경제 효과가 나온다는 보도가 있었다. 평창동계올림픽의 경제 효과는 65조 원이라는 얘기도 있었다. 가장 기억에 남는 보도는 2010년 G20 정상회의의 경제 효과가 450조 원이라는 것이었다. 이런 각종 경제 효과를 다 더하면 우리나라 GDP를 가뿐히 넘는다.

이런 기적은 생각보다 자주 나타난다. 2023년도 예산안은 총 639조 원이다. 그중 보건·복지·고용에 226조6,000억 원을 쓴다. 교육에는 96조1,000억 원, 문화·체육·관광에는 8조5,000억 원을 쓴다. 그 외 부문별 숫자를 다 더하면 놀랍게도 647조 원이다. 내년 총지출액 639조 원을 훌쩍 뛰어넘는다. 여기에는 예비비 5조

2,000억 원과 통신 분야 9조 원이 빠져 있다.

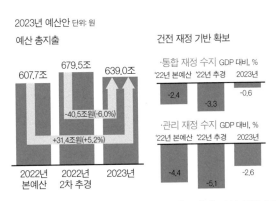

2023년 예산안 단위: 원

예산 총지출

607.7조   679.5조   639.0조

-40.5조원(-6.0%)

+31.4조원(+5.2%)

2022년 본예산   2022년 2차 추경   2023년

건전 재정 기반 확보

·통합 재정 수지 GDP 대비, %

'22년 본예산   '22년 추경   2023년

-2.4   -3.3   -0.6

·관리 재정 수지 GDP 대비, %

'22년 본예산   '22년 추경   2023년

-4.4   -5.1   -2.6

• "尹 정부 첫 살림 639조…6년 만에 최저 증가율·24조 역대급 지출 조정", 〈뉴시스〉, 2022. 8. 30.

이는 언론 잘못이 아니다. 정부가 통계를 그렇게 발표했기 때문이다. 정부의 예산안 보도자료에 있는 분야별 지출액은 중복된 항목도 있고 배제된 항목도 있다. 통계의 기본 자체가 안 되어 있다. 어차피 더하면 639조 원이 넘는 예산 배분액이면 쓰는 김에 더 쓰는(?) 것도 좋겠다. 여기에 저출산 예산 50조 원과 일자리 예산 30조 원도 더하자. 아니면 윤석열 대통령 말마따나 성인지 예산 33조 원도 포함해보자.

성인지 예산 33조 원은 성인지 예산용 사업을 위해서 추가로 지출하는 돈이 아니라는 사실은 잘 알려져 있다. 기존 예산을 성인지적 관점에서 평가하는 예산 규모를 뜻한다. 저출산 예산, 일자리 예산이라는 분류도 비슷하다. 일자리를 위해 따로 지출하는 금액만 30조 원이 아니다. 기존 사업을 저출산과 일자리 관리 목적으로 분류해 놓은 금액을 뜻한다. 그러므로 639조 원의 배분 명세에 집어넣을 수 없다. 마찬가지로 연구개발(R&D) 예산 30조 7,000억 원도 중복으로 계상되는 분야다. 복지에 있는 R&D, 국방에 있는 R&D 사업을 중복해서 달아놓는 것이, 더했더니 100%가 넘는 마법이 벌어지는 주된 이유다.

물론 21세기 대한민국이 이런 비과학적인 예산 분류 체계를 통해 행정을 하는 것은 아니다. 한국의 모든 예산 사업은 명확한 분류 체계를 가지고 정확한 코드 번호를 통해 분류·관리되고 있다. 문제는 기재부 예산안 보도자료에는 이런 분류 체계가 아닌 기재부의 자의적 관행에 따라 분류·설명되고 있다는 것이다. 예산을 연구하는 전문가들도 모두 정부의 공식 분류 체계를 통해 예산을 분석한다. 전문가조차도 기재부의 예산안 보도자료를 검증하기 어렵다. 분석하고 검증할 수 있는 영역이 아니라 믿음의 영역이다.

정부는 2023년도 예산안 보도자료를 통해 역대 최대 규모의 지출 재구조화를 달성했다고 밝혔다. 과거에는 10조 원 수준이었으나 이번에는 무려 24조 원이라고 자랑한다. 그러나 이것 역시 검증이 아니라 믿음의 영역이다. 정부는 24조 원의 지출 재구조화 목록을 공개하지 않는다. 특히 여기에서 말하고 싶은 내용은 "23년 사회적 약자 4대 핵심 과제" 74조4,000억 원에 관해서다. 정부에 따르면 저소득층에 21조 원, 장애인에 5조8,000억 원, 취약 청년에 24조1,000억 원, 노인·아동·청소년에 23조3,000억 원 등 총 74조4,000억 원을 지출한다고 한다. 그러나 역시 74조 4,000억 원의 세부 사업 목록은 구할 수 없다.

다시 한번 말하지만, 한국에는 이미 확립된 예산 분류 체계가 있다. 복지 분야는 기초 생활 보장 부문, 취약 계층 지원 부문, 노인 부문 등으로 나누어 분류하고 관리한다. 이런 공식적 분류 체계에 맞춘 설명이 정부 발표의 기본이 돼야 한다. 물론 공식적 분류 체계 외에 저출산 예산, 일자리 예산, R&D 예산, 장애인 예산이라는 특정 목적에 따른 개념도 필요하다. 그렇다면 이러한 새로운 분류 방식에 해당하는 세부 사업 목록을 별지로 발표해야 한다. 그렇지 않으면 더했더니 100%가 넘는 마법은 끊임없이 벌어진다.

예산 지출의 핵심은 한정된 예산 아래서의 자원 배분이다. 특정 분야, 특정 부문의 지출이 늘면 자연스럽게 다른 분야, 다른 부문의 지출은 줄어들 수밖에 없다. 이런 상황에서 한국 전체 지출 639조 원의 배분 명세를 같은 기준으로 분류해 분석하지 않고 각각의 기준으로 설명하면 예산 분석의 실익이 없다.

검증할 수 없는 정부 보도자료가 나올 때 기자들은 고민이 많아진다. 그래도 나름 중요해 보이는 정부 발표를 아예 보도 안 할 수는 없다. 그렇다고 아무런 평가와 해석 없이 보도자료를 그대로 요약해서 쓰는 것도 마뜩잖다. 그렇다면 정확한 한계를 명시해서 기사를 쓰는 것은 어떨까?

핵심 용어

성인지 예산

성인지 예산 제도는 기존 예산 사업을 성인지적 관점에서 재평가하는 제도를 말한다. 만약에 어떤 예산 사업이 있는데 참여율 및 만족도가 높아서 좋은 사업으로 평가받는다. 그러나 성인지적 관점으로 바라봤을 때 특정 성별만 주로 참여한다는 사실이 밝혀졌다. 그렇다면 그 원인을 분석해야 한다. 사업 수행 시간이 문제인지, 사업 주제가 문제인지에 따라 특정 성별만 참여하는 이유를 분석하고 그 해결책을 모색할 필요가 있다. 이에 성인지 예산 제도는 기존 예산 사업 중에서 성인지적 관점으로 분석할 실익이 있는 사업을 선정해 성인지 예산서 및 결산서를 통해 평가·분석한다. 즉 성인지 예산이 30조 원이라면 30조 원을 성인지 예산용 사업에 지출하겠다는 것이 아니라, 성인지적 관점으로 분석하는 기존 사업의 규모가 30조 원이라는 의미다.

25

추경의 재원을 묻는 것은
아무런 의미가 없을 수도 있다

추가경정예산(추경) 때마다 많은 언론은 그 재원을 궁금해한
다. 작년에 쓰고 남은 돈을 활용한다면 재정 건전성을 해치지 않
을 것 같다. 반대로 추경한다고 적자 국채를 발행한다면 재정 건
전성에 문제가 생길 것 같다. 그러나 결론부터 말하자. 전년도 잉
여금을 활용하는 추경이나 적자 국채 발행 추경은 경제적 실질이
같다.

작년 2021년도에 초과 세수가 많았다고 한다. 그래서 잉여금
(남은 돈)이 발생했다. 2021년도 일반회계 국세 초과 세수는 약 28
조 원이다. 그런데 잉여금은 18조 원에 불과하다. 그럼 나머지 초
과 세수는 어디로 갔을까? 초과 세수가 발생하자 계획된 국채 발

행량을 줄였다. 만약 작년에 계획했던 국채를 모두 발행했다면 어떻게 되었을까? 올해 추경에 쓸 잉여금이 더 많이 남았을 것이다. 이렇게 작년에 쓰고 남은 돈의 규모는 작년 국채 발행량에 따라 결정된다. 초과 세수량에 따라 달라지는 것이 아니다. 결국 조삼모사다. 작년에 국채를 많이 발행했다면 올해 추경에 쓸 잉여금이 많이 남는다. 반대로 작년에 국채를 계획보다 덜 발행했다면 올해 추경에는 그만큼 국채를 발행해야 한다.

비유해보자. "내가 올해 집을 샀는데 대출 없이 100% 현금만 가지고 샀어"라고 말하니 옆의 친구가 "와, 현금이 그렇게나 많았어? 현금이 어디서 났어?"라고 묻는다. "내가 현금이 어디 있겠어. 작년에 대출받고 남은 돈이지." 자, 어떤가? 올해 대출받으면 불건전하고 작년에 대출받고 남은 돈을 쓰면 내 재정이 건전하다고 말할 수 있을까? 작년에 대출받는 것과 올해에 대출받는 것은 경제적 실질이 다르지 않다. 이 둘을 구분하는 것은 무의미하다. 더 정확히 말하면, 작년에 대출받고 남은 돈으로 올해 지출하는 것보다 올해 대출하는 것이 더 좋다. 그만큼 불필요한 이자 비용을 아낄 수 있기 때문이다.

그런데 언론은 추경할 때마다 추경 재원을 궁금해한다. 그럼 정부는 내년도 추경 재원 등을 마련하고자 불필요한 국채를 발행하고픈 유혹에 빠진다. 불필요한 국채 이자 비용이 추가로 발생하는 것이다. 그냥 상식적으로 생각해보자. 국가 부채는 매년 증가한다. 그런데 잉여금 발생이 무슨 의미가 있을까? 작년에 쓰고 남은 잉여금 규모를 따지는 것은 경제적으로 거의 의미가 없다.

마찬가지로 정치인이 공약을 발표하면 그 공약에 대한 재원을 묻곤 한다. 재원을 물으면 역시 무언가 책임지는 자세인 것 같다. 그러나 논리적으로 말이 안 된다. 특별회계나 기금 사업이 아니라면 대부분 국가 사업은 일반회계에 속한다. 일반회계 사업은 모든 국가 세수입을 하나의 주머니에 넣고 그 주머니에서 정책 우선순위에 따라 재원을 배분하는 것이다. 다시 말해 특정 사업에 해당하는 재원 마련 대책을 따로 물어보는 것은 어색하다. 그냥 국세 수입을 확충해 일반회계 세수입을 확보하는 수밖에 없다.

추경 재원이 무엇인지 묻는 것이나 특정 정책 사업의 재원이 무엇인지 묻는 것 자체가 좋은 질문이 아니다. 그럼 우리의 관심은 무엇이 되어야 할까? 전체 세수입 규모, 전체 지출 규모, 그리고 전체 국채 규모를 총체적으로 바라보는 재정의 트릴레마(trilemma)를 정확히 인식하는 것이다. 재정의 트릴레마는 지출을 늘리고자 한다면 증세하거나 부채를 늘릴 수밖에 없다는 삼중 모순을 뜻한다.

지출을 늘리고자 한다면, 세금을 늘리든지 부채를 늘려야 한다는 사실을 솔직하게 국민에게 말하고 동의를 구해야 한다. 소상공인을 위해 지출을 늘리고자 한다면, 불가피하게 국채를 발행할 수밖에 없다는 사실을 솔직하게 국민에게 밝히자. 예산의 핵심은 예산 제약 아래서 자원을 배분하는 문제다. 숲 전체를 보고 나무를 봐야 한다.

일반회계, 특별회계, 기금

정부의 수입과 지출은 하나의 주머니를 통해 총체적으로 관리하는 것이 원칙이다(예산단일주의 원칙). 국가의 모든 수입을 하나의 주머니에 넣은 뒤 전체 예산 제약하에서 우선순위에 따라 지출한다는 의미다. 즉 정부의 수입은 소득세 수입이든 부가가치세 수입이든, 또는 벌금 수입이든 가리지 않고 하나의 주머니에 넣는 것이 원칙이다. 이 하나의 커다란 주머니가 일반회계다. 예산단일주의 원칙에 따라 하나의 주머니로 관리하면 예산의 효율성이 커진다.

그러나 여기에는 많은 예외가 있다. 예를 들어 정부의 국민연금 수입은 일반회계에 넣지 않고 국민연금기금에서 따로 관리한다. 정부가 돈이 부족하다고 국민연금기금에 있는 돈을 가져다 쓰지 못하게 하기 위해서다. 또한 우체국 수입은 자체 특별회계에서 관리하고, 그 특별회계에서 우체국에 필요한 지출을 한다.

이렇게 주머니를 나누어서 관리하면 재정의 책임성이 커진다. 일반회계로 관리할지 또는 특별회계나 기금으로 관리할지는 재정의 효율성을 중시하는지, 재정의 책임성이 더 중요한지에 따라 달라진다. 참고로 2022년 기준 정부 총지출 607조7,000억 원 중에서 일반회계를 통한 지출은 약 350조 원이다.

26

장애인 이동권 예산의 핵심은 '차별'이 아니다

2022년 4월 29일 전국장애인차별철폐연대(전장연)가 국회에서 초대형 토론회를 열었다. 그야말로 모든 면에서 초대형이다. 일단 장애인 이동권 문제는 요즘 가장 핫한 이슈다. 그리고 주최 단체만 해도 전장연, 장애인이동권연대, 탈시설장애인연대 등 10개 단체가 넘는다. 이상민 등 공동 주최 국회의원도 8명이다. 주최 의원 소속을 보면 더불어민주당, 정의당, 기본소득당을 아우르는 데다 국민의힘 김예지 의원도 참석해 축사했으니 사실 원내 정당 총출동이다. 게다가 첫날은 장애인 이동권, 다음날은 탈시설 등 시리즈로 기획된 토론회다. 초대형 토론회라는 말이 무색하지 않다.

그런데 놀랍게도 단 하나의 언론에서도 소개하지 않았다(행사 스케치를 한 지방지 제외). 이 정도 이슈에 이 정도 규모의 국회 토론회가 전혀 언론에 나지 않는 것은 정말 놀라운 일이다. 장애인 단체가 언론에 나오려면 진지한 토론회를 하면 안 된다. 지하철 점거 투쟁 등 다소 과격한 투쟁을 해야 언론에 나온다는 사실을 깨달았다.

토론회 내용은 전혀 과격하지 않았다. 토론회 제목부터 그렇다. '장애인 이동권 지역 간 차별 철폐를 위한 토론회'다. 그러나 장애인 이동권 예산의 핵심은 '차별'이 아니다. '절대량 부족'이다. 차별은 과대와 과소가 불합리하게 공존하는 것이다. 이동권 예산이 충분한 지역은 우리나라에 없다. 비장애인과 장애인 사이에는 차별이 존재하지만, 지역 간에는 존재하지 않는다. 부족만 있다.

소방직 국가직화를 타산지석으로 보자. 소방관 처우를 위한 예산 확보가 최종 목표였다. 그런데 지역 간 차별 철폐라는 처우 개선을 명분으로 소방 공무원 국가직화가 달성되었다. 소방직 국가직화 이후는 하향 평준화란 말이 딱 적당하다. 급여도 그대로, 위험수당도 그대로, 지휘 체계, 예산 구조, 인사권 모두 그대로다. 그리고 지역마다 차별이 존재했던 복지는 하향 평준화됐다. 150만 원 복지포인트를 받던 서울시 등 많은 지자체 소방관들이 중앙정부 복지포인트 40만 원으로 낮아졌다.

근본적으로는 지역 간 차별이 없는 중앙에서의 예산 분배라는 허상의 구체적 의미를 파악해야 한다. 중앙에서 차별 없이 내주는 소방교부세를 보자. 소방 출동 지수에는 가중치를 2% 곱하고 소방청사에는 가중치를 5% 곱한다. 소방 공무원 수에는 가중치 4%, 지방도로에는 가중치 6%를 곱한다. 이렇게 복잡한 수식을 통해서 중앙에서 각 지역에 공평하게 소방교부세를 배분하고 있다. 과연 이런 수식이 공평하고 공정할까?

예산은 정치다. 정치적 투쟁과 타협을 통해서 액수가 정해지고 거기에 대해 정치적 책임을 져야 한다. 그런데 사람이 아닌 이런 수식에 정치적 책임을 지우는 것을 나는 '책임의 외주화'라고 부른다. 모두 불만이어도 아무도 책임지지 않는다. 수식에 따라 공정하게 배분했다는데 누가 책임질 수 있을까? 금액이 적어도 어쩔 수 없다. 수식이 그렇다면 정치의 의미가 없어진다.

현재는 지방정부, 국토교통부, 기재부가 서로 책임을 폭탄 넘기 듯하고 있다. 차라리 이 폭탄을 지방정부에 확실히 넘기고 지자체장, 지자체 의원에게 정치적 책임을 묻는 전략이 더 유효할 수도 있다. 예를 들어보자. 지역 사정에 따라 저상버스가 매우 필요한 곳도 있지만, 저상버스 대신 장애인콜택시가 더 필요한 지역도 있다. 지방에 돈이 없어서 저상버스를 도입하지 못한다고 하지만 그렇지 않다. 지금도 저상버스 도입에 중앙이 보조금을 준다. 하지만 일반버스 도입에는 보조금이 없다. 지방정부 입장에서는 저상버스를 도입하나 일반버스를 도입하나 예산상의 차이가 없다. 오히려 저상버스가 이득일 수 있다. 돈이 문제가 아니라 의지가 문제다.

여기서 장애인 이동권 예산 변화를 잠깐 살펴보자. 교통 약자 이동 편의 증진 사업 예산은 2014년부터 2017년까지 매년 삭감됐다. 2014년 435억 원이었던 예산은 2017년 362억 원까지 줄었다. 그러다 2018년부터 제법 급격히 늘었다(2018년 376억 원, 2019년 533억 원, 2020년 648억 원, 2021년 727억 원). 특히 2022년에는 국토교통부가 두 배(1,531억 원) 정도의 예산을 요구했지만, 기재부에서 깎아 50% 증액된 1,091억 원이 되었다.

그런데 저상시내버스 도입에만 2022년 증액 예산의 90% 정도가 쓰인다. 고속버스, 시외버스에 휠체어 탑승 설비를 지원하는 사업 예산은 작년에 비해 절반으로 줄어든 5억 원(차량 8대)에 불과하다. 그리고 시외버스 터미널 등에 장애인 접근이 가능한 BF(Barrier Free) 인증 사업 예산은 4억5,000만 원이다. 시외버스나 고속버스는 아예 포기해야 한다. 시외버스의 경우 저상버스는 물론이고 터미널 접근조차 어렵다. 장애인은 사는 도시를 벗어나기가 너무나 어렵다.

이런 상황에서 일반 교통수단 대신 장애인콜택시와 같은 특별 교통수단 도입으로 문제를 해결하려 한다. 특별 교통수단 도입 보조금은 매년 50억 원 내외로 편성되다가 올해는 크게 확대된 94억 원이다. 예산 내부 자료를 보면 "장애인 시위로 인해" 예산 증액을 요구한다고 명시했다. 전장연 등의 시위 효과가 예산서를 통해 증명된다.

그런데 나는 장애인을 위한 특별 교통수단 도입은 정석이 아니라고 생각한다. 접근할 수 있는 일반 교통수단을 확대하는 것이 기본이 되어야 한다. 특별 교통수단 도입은 주된 수단이 아니라 보조적 수단 정도면 충분하다. 장애인 특수 교육 시설, 장애인 특별 교통수단, 장애인 전용 주거 생활 시설은 예외적이고 보조적인 형태가 되어야 한다.

핵심 용어
중앙정부와 지방정부의 재정 규모

2022년 기준 중앙정부 총지출액은 608조 원이다. 지방정부 세출액은 285조 원이다. 그렇다고 우리나라 중앙정부+지방정부 지출액을 608+285=893조 원이라고 하면 안 된다. 중앙정부가 지방정부에 주는 교부세와 보조금 등의 겹치는 숫자가 144조 원 있기 때문이다. 중앙정부, 지방정부, 지방교육(교육청) 등까지 모두 합친 우리나라 전체 정부 재정은 764조 원이다. 실제로 우리나라 정부 전체가 쓰는 764조 원 중 중앙정부는 394조 원을 쓰고 지방정부(교육청 포함)는 369조 원을 지출한다.

4부
기업 보도는 소비자의 눈으로 읽자

27

경영권이란 말은
존재하지 않는다

"한 달 연봉 2억 vs 무기징역 3년 어떤 게 더 낭나요?"

"완벽하게 다 틀린 문장"이라며 인터넷 유머 게시판에 있는 글이다. 아마 질문자는 2억 원을 받으면 3년 징역을 살 수 있을지 물은 것 같다. 그러나 저 짧은 문장은 완벽하게 틀렸다. "한 달 연봉"은 형용모순이고 무기징역은 3년일 수 없다. 그리고 뭘 '낭을까?'

한진그룹 총수 일가의 지배력 다툼이 언론에 오르내린다. 이를 전하는 한 뉴스가 "재벌 오너의 경영권 다툼이 진흙탕 싸움으로 번진다"라는 표현을 쓴다. 이는 짧지만 완벽하게 틀린 문장이다.

오너(owner)란 말은 팩트가 틀리다. 조원태도, 조현아도 한진그룹의 오너가 아니다. KBS는 오너라는 외래어 대신 주인이라고 표현했는데, 물론 주인도 아니다. 조원태, 조현아가 보유한 지분은 각각 6% 정도다. 한국 재벌 총수들의 주식 지분 비율은 보통 1~5% 정도밖에 안 된다. 그래서 절대로 재벌 총수는 오너나 주인이 아니다. 지배 주주라고 표현하면 괜찮을 때도 있지만, 특정 법인의 주식을 단 한 주도 갖지 않은 재벌 총수도 많이 있다(주주조차 아니다). 그냥 '재벌 총수'가 맞는 표현이다.

또한 '경영권'은 존재하지 않는 개념이다. '경영할 수 있는 권리(right)'는 존재할 수 없으니 성립할 수 없다. 지배력(control)이라고 표현하는 것이 옳다. 경영권을 쓰면 무언가 보호를 받아야 할 '권리' 같은 잘못된 뉘앙스를 풍긴다. 특히 적자생존의 시장 원리를 강조하는 사람이라면 더욱 '경영권'을 써서는 안 된다.

진흙탕 싸움도 아니다. 한진그룹 같은 싸움은 오히려 권장해야 한다. 싸울수록 진흙탕이 되기보다 때가 빠지기 때문이다. 얼마나 아름답나? 서로서로 비리를 말하는 것은 아름다운 때 빼기 싸움이다.

언론에선 "남매의 난"이라며 콩가루 집안이라고, 진흙탕 싸움이라고 부정적으로 말한다. 언론이 왜 남의 가정을 걱정할까? 남의 집 사생활은 걱정하지 말고 기업과 이사의 공적 역할에 집중하자. 과연 경영인이 한 가족으로 똘똘 뭉쳐 '좋은 게 좋은 거지'라며 경영하는 게 좋을까? 항공기를 비싸게 사고 얻은 보상(리베이트)이 재벌 총수의 주머니로 아무도 몰래 들어가는 게 좋을까? 조현아가 지적한 것이 바로 리베이트를 하지 말고 이사끼리 견제하자는 것이다. 이렇게 조원태, 조현아 남매의 싸움이 아니라, 두 경영인의 지배력 다툼으로 보면 이번 일이 달리 보인다.

경영인이 상대방을 견제하면서 상대방 잘못을 들추는 것은 기업의 투명성을 위해서도 매우 필요하다. 예전에 두산 "형제의 난" 때도 대부분 언론은 진흙탕 싸움이라며 부정적으로 표현했다. 그러나 형제의 난을 통해 두산 총수 일가가 326억 원의 비자금을 횡령했다는 사실이 드러났다. 이것이 진흙탕 싸움일까, 아니면 때 빼기 싸움일까?

마지막으로 '재벌'이라는 말을 조심히 써야 한다. 재벌 기업 집단을 줄여서 재벌이라고도 표현하지만, 재벌은 재벌 총수 일가의 줄임말이기도 하다. 즉 재벌은 별개의 개념 두 가지를 모두 지칭한다. 언중이 현명해서 한국의 재벌 기업 집단은 사실상 재벌 총수 일가와 동의어라는 사실을 잘 알기 때문에 만든 단어일 테다.

그런데 언어는 힘이 세다. 현실을 언어로 그렇게 표현하다 보면, 현실이 언어에 묶여서 변화하기 어려워진다. 독감과 감기는 전혀 다른 질병이라고 아무리 강조해도 여전히 "독감 예방 주사를 맞으면 감기에 안 걸리나요?"라고 묻는다. 영어권 사람들은 고구마(Sweet potato)가 감자(Potato) 품종의 하나라고 착각한다.

재벌 총수 일가와 재벌 기업 집단을 계속 재벌로 혼용해 쓰면, 재벌 총수가 재벌 기업 집단을 동일시하는 현 상황이 너무 자연스럽게 느껴질 수 있다. 이제는 재벌 대신 재벌 총수와 재벌 기업 집단으로 분리해서 쓰면 좋겠다. 그런 의미에서 "이재용 코로나19 극복에 300억 지원"이라는 〈중앙일보〉 등의 뉴스 제목에 이재용의 사재가 아니라 삼성그룹 14개 계열사가 지원한다는 내용의 기사는 지양해야 한다. 재벌 총수와 재벌 기업은 법적 인격체가 다르다.

핵심 용어
주식과 주식회사

주식회사란 주식을 발행해 자본금을 충당하는 회사를 뜻한다.

사업체를 차리려면 밑천(자본)이 있어야 한다. 조그마한 구멍가게를 차리려면 창업자가 돈을 투자해야 한다. 그런데 큰 밑천이 필요한 사업체라면 한 사람의 돈만으로 자본을 충당하기 어렵다. 이때 투자 자본의 비율을 명시한 지분증서를 발행한다. 이 지분증서가 주식이다. 주식회사는 법인이다.

법인은 '살아있는 자연인은 아니지만, 별도의 권리와 의무를 진 법적 인격체'를 뜻한다. 즉 구멍가게 주인이 2억 원을 빌렸는데, 가게를 팔아도 1억 원밖에 안 나오면 나머지 1억 원은 주인이 갚아야 한다. 그러나 주식회사는 주주와는 또 다른 별도의 인격체라서, 주식회사가 파산해도 주주는 나머지 돈에 대한 책임이 없다. 이를 주주의 유한책임이라고 한다. 주식회사의 채권자를 보호하기 위해서라도 주식회사는 투명성이 필요하다.

28

상속세 때문에 기업 운영이 안 될까?

아주 오래전 얘기다. 많은 사람이 가판에서 돈을 주고 신문을 사 보던 시절이 있었다(믿기지 않지만 사실이다). 버스나 전철을 기다리다가 가판에 배열된 신문들을 보게 된다. 가판에 촘촘히 진열된 신문에서 보이는 건 1면 머리기사뿐이다. 결국 머리기사에 따라 신문 선택지가 달라진다. 실제로 1면 머리기사 상품성에 따라 그날 치 가판 판매량은 큰 변동을 보였다. 기자들은 자신이 발제한 기사가 1면 톱에 배치되면, 그동안 편집부장에게 쌓였던 서운한 감정이 사라질 정도로 1면 머리기사는 중요했다. 지금이야 '1면 톱'보다 '네이버 톱'이 더 중요한 시대이기는 하다. 그래도 연차가 있는 편집부 기자들은 독자들이 가판에서 신문을 고르던 옛 추억을 되뇌며 지금도 신중히 1면 톱을 고르고 또 고른다.

그런 의미에서 2020년 5월 21일 〈한국경제〉의 "상속세 완화…일본 가업 승계 10배 늘었다"라는 1면 머리기사는 여러모로 의미가 있다. 그날 다른 일간지 1면 머리기사는 시류를 좇는 기사들로 채워졌다. 정대협, 코로나, 전 국민 고용보험 등 최근 터진 이슈를 좇는 기사들이다. 반면 〈한국경제〉는 갑자기 상속세와 가업 승계 얘기를 1면과 2면에 배치했다. 언론사가 이미 터진 이슈를 좇지 않고 스스로 기획에 따라 1면과 2면이라는 귀중한 지면을 할애하는 시도 자체는 칭찬할 만하다. 앞으로도 기획 기사를 과감하게 1면에 싣는 것을 권장하고 싶다. 문제는 내용이다.

1면 기사에는 "자금 사정이 빠듯한 중소기업으로선 (상속) 과세도 부담"이라는 표현이 있다. 그러나 이는 팩트가 아니다. 중소기업은 상속세를 내지 않는다. 상속세는 자연인 사망 시 그 사망한 자연인 재산을 상속받는 사람이 내는 세금이다. 기업 같은 법인은 사망할 수 없으니 상속세를 낼 일이 없다. 만약 주주의 자녀가 부담할 상속세를 기업이 대신 부담하면 횡령이 된다. 결국 기업은 상속세 부담이 없다. 지분을 상속받은 주주의 자녀가 상속세를 부담한다.

그래서 "무거운 상속, 증여세 부담 탓에 가업을 상속하지 못하고 폐업"한다는 내용도 잘못된 설명이다. 지분을 상속받은 상속인이 상속세를 낼 돈이 없다면 폐업하고 세금 대신 회사를 국가에 바쳐야 할까? 기업 지분을 받은 상속인은 그 지분을 팔아 현금을 마련하면 된다. 회사로서는 달라질 것이 없다. 주주 구성만 달라질 뿐이다. 현금화하기 어려운 비상장 주식이면 연부연납 제도를 활용할 수도 있다. 연부연납을 통해 상속세를 5년에서 최대 20년 동안 나눠서 낼 수 있으니 지분을 팔지 않아도 된다.

마찬가지로 "중소기업이 가업을 물려주는 데 어려움을 겪고 있어 기술과 노하우가 사장될 위기에 처했다"는 부분도 어색하다. 기업은 가업을 물려줄 수 없다. 특정 주주가 세금 없이 지분을 자녀에게 물려주는 데 어려움을 겪고 있을 뿐이다. 만일 그 자녀가 기술과 노하우가 있다면, 비록 지분이 희석되더라도 가업을 이어받을 수 있다. 지분은 일정 부분 세금을 내면 상속할 수 있지만 지배력은 애초에 상속 대상이 아니다.

특히 "한국은 상속세율 최고 60%"라는 2면의 기사 제목은 아예 팩트가 틀리다. 기사에 삽입된 그래프만 보더라도 한국의 최고세율은 60%가 아니라 50%다. 실효세율은 28%밖에 안 된다고 적혀 있다. 아니 왜 본문에 삽입된 그래프는 50%인데, 60%라고 제목을 달았을까? 본문 내용을 보면 "경영권 할증 평가를 포함하면 최고 60%"라는 설명이 있다. 그러나 이는 세법을 잘못 해석한 오류다. '상속세 및 증여세법'에 따르면 상속세 최고세율은 50%가 맞다. 다만 최대 주주 주식 등은 20% 할증 평가한다는 규정이 있다. 그러나 이는 주식 가액의 평가 방식으로, 세율과는 무관하다.

주식 할증 평가란 무엇일까? '경영권 프리미엄'이라는 단어가 있다. 특정 회사를 지배할 수 있을 정도의 양이 한꺼번에 거래되면, 그 주식 가액은 단순히 '주가×주식수'보다 훨씬 더 커진다. 시장 거래 가격 자체가 높게 형성되니 그 시장 가격을 반영해 주식을 (할증) 평가한 뒤 과세한다. 세법은 경제적 실질 금액에 과세하는 '실질 과세의 원칙' 위에 만들어진 법이기 때문이다.

스타트업계에서 유명한 이관우 버즈빌 대표는 중2 때부터 창업을 시도했다고 한다. 이십 대에는 2개 회사를 창업해 네이버와 티몬에 매각해 총 135억 원을 벌었다. 창업한 회사를 자녀에게 물려주는 것만이 능사가 아니란 얘기다. 레드오션이 된 21세기 대한민국에서 가장 부가가치가 높은 상품은 무엇일까? 기업을 만들어서 파는 것도 하나의 방법이다. 창업 능력과 경영 능력은 다르기 때문이다. 이러한 상황에서 최대 주주의 자녀가 세금 없이 지분을 물려받지 않으면 "중소기업의 성장이 정체"된다는 기사를 곧이곧대로 믿을 필요는 없어 보인다.

상속세와증여세

상속세는 자연인이 사망했을 때 사망자(피상속인)의 재산을 받는 사람(상속인)이 내는 세금이다. 증여세는 누군가가 돈을 주면(증여자) 받는 사람이(수증자) 내는 세금이다. 그래서 '상속이 발생했다'는 말은 자연인이 사망했다는 뜻이다.

증여세와 상속세는 기본적으로 연동되어 있다. 상속이 발생하면, 원칙적으로 최근 10년 동안 상속인이 증여받은 금액을 합쳐서 상속 가액을 산출한다.

반면 상속세와 증여세는 근본적으로 다른 부분도 있다. 증여세는 받은 사람이 증여받은 금액에 따라 증여세를 산출하지만, 상속세는 사망한 사람의 전체 재산 금액에 따라 상속세를 산출하고 각 상속인에게 배분한다. 다시 말해 100억 원 부자가 100명에게 증여한다면, 각각의 수증자는 1억 원에 해당하는 저세율을 적용받는다. 그러나 100억 원 부자가 사망해 100명에게 상속한다면, 전체 100억 원에 해당하는 고세율로 세금을 내고 난 나머지를 100명에게 배분한다.

사망자의 전체 재산에 상속세를 산출하는 시스템을 유산세라고 한다. 반면 증여세처럼 상속인이 받는 만큼 상속세를 산출하는 시스템을 유산취득세라고 한다. 윤석열 정부는 현행 유산세 시스템의 유산취득세로의 전환을 고려하고 있다.

29

대기업의
수상한 봉사 활동

포털 뉴스에서 기업이나 기업인의 사회 공헌 기사를 종종 본다. KT&G 직원들이 잎담배 수확 봉사 활동을 했다는 훈훈한 뉴스가 네이버 화면을 가득 채운 적이 있다. 봉사하느라 고생했겠지만, 포털 한 페이지를 채울 만큼 중요한 뉴스인지는 모르겠다고 생각하면 아마추어다. 그 뉴스는 분명히 포털 한 페이지를 채울 만한 가치가 있다. 왜? 바로 포털 한 페이지를 채우는 것 자체가 목적이기 때문이다.

바로 다음 페이지에 〈경향신문〉의 단독 기사가 보인다. KT&G가 0원짜리 주식을 560억 원에 샀다는 특종이다. 과거 인도네시아 담배 회사 지분을 절반 매입했는데 장부상 가치가 0원인 잔여 지분을 560억 원에 샀다고 한다. 아마도 처음 구매 당시 모종의 이면 합의가 있으니 울며 겨자 먹기로 구매한 것이겠다.

그런데 이 단독 기사가 네이버에 뜬 지 불과 5시간 만에 KT&G 봉사 활동 기사가 뜨기 시작했다. 발 빠른 대응과 정확한 효과. 대한민국 대기업의 효율을 느낄 수 있다. 포털에 있는 부정적인 기사를 바로 봉사 뉴스로 밀어낸 업적은 물론 대기업과 언론의 컬래버가 이뤄낸 작품이다. KT&G의 훈훈한 봉사 뉴스를 때맞춰 다룬 언론은 광고 등으로 보답받을 수 있다고 추측하면 지나칠까?

2020년 5월 현재 이재용의 최순실 뇌물 관련 재판이 진행되고 있다. 관련 보도가 많이 나오는 것은 당연하다. 5월 23일 박영수 특검이 법원에 재항고장을 제출하기 하루 전인 5월 22일, 많은 언론을 장식한 뉴스가 있다. "최태원, 이재용 사회 공헌 마인드는 '낭중지추'". 한 홍보 연구소발 보도자료에 따르면, 뉴스와 SNS 등에서 사회 공헌 단어와 가장 많이 연관된 재벌 총수는 최태원, 이재용이다. 사회 공헌 사실이 이렇게 많은 언론에 인용돼 불리한 뉴스를 밀어내니 재벌 기업 총수는 사회 공헌을 자주 언급할 만하다.

27일 같은 연구소에서 나온 보도자료를 인용한 "국민들은 이재용 '재판'보다 '경영'에 관심"이라는 기사가 또 수십 개 언론에게재됐다. 최근 3개월 빅데이터를 분석했더니 이재용과 가장 높은 연관 검색어는 '코로나19'이지 '재판'이 아니라고 한다. 〈중앙일보〉 등은 이 보도자료를 인용해 "국민들은 국내 최대 기업인 삼성 주도로 코로나19 위기를 헤쳐 나가는 데 관심을 보인 걸로 풀이된다"고 전했다. 국민이 중앙재난안전대책본부도 질병관리본부도 아닌 삼성 주도로 코로나19 위기를 헤쳐 나가야 한다고 생각하는 것까지는 잘 모르겠다. 내가 빅데이터를 분석하지는 않았지만, 아마 정은경 질병관리본부 본부장의 가장 높은 연관 검색어도 '코로나19'이지 모 언론이 제기한 것처럼 '재산'은 아닐 것 같기 때문이다. 그러나 이재용의 코로나19 관련 기부 행위가 재판이나 기피 신청이라는 단어를 밀어내는 것을 넘어 코로나19 위기를 헤쳐 나가는 구심점으로까지 국민이 생각한다는 수십 개 언론의 평가를 보면 기부가 얼마나 중요한 행위인지 짐작할 수 있다.

기부, 사회 공헌 등 훈훈한 뉴스를 담은 뉴스 제목을 보면 '000이 사회 봉사 활동을 했나 보군'이라며 그냥 지나치는 일이 많다. 그러나 이제는 가끔 그 기업을 검색해보고 그 봉사 활동의 참뜻(?)을 한 번 느껴보도록 하자. 운이 좋으면 봉사 활동의 진정한 참뜻을 깨닫고 우리나라 대기업의 효율성을 체감할 수도 있다.

ESG, CSR, 그리고 사회 공헌

최근 ESG라는 단어가 자주 들린다. 기업의 사회적 책임이나 사회 공헌이라는 말도 간혹 들린다. 기업의 사회적 책임(CSR, Corporate Social Responsibility)은 기업이 지속가능성이나 이미지 제고 차원에서 하는 다양한 사회적 활동을 의미한다. ESG(Environmental, Social, Governance)도 이와 비슷하다. 다만, 투자자 관점에서 과거의 재무적 가치(얼마나 돈을 잘 버는지)뿐 아니라 비재무적 가치를 평가하는 수단으로 활용된다는 점이 조금 다르다.

비재무적 가치를 평가한다는 것은 해당 기업이 지속해서 성장 가능한지, 사회적으로 어떠한 영향을 미치는지를 종합적으로 평가하고 판단한다는 뜻이다. 평가의 기준은 환경적(Environmental)인 측면에서 탄소 배출이나 환경 오염을 얼마나 줄이고 있는지, 사회적(Social)인 측면에서 인권, 데이터 보호, 지역 사회 관계를 잘 고려하고 있는지, 지배구조적(Governance) 측면에서 이사회, 감사 기능을 잘 유지해 반부패 등 기업 윤리를 실현하는지 등이다.

30

"기업들 공포심이 커진다"라는 거짓말

우리 가게에 도둑이 들었다. 동업자가 도둑에게 소송하는 등 노력하더니 손해를 배상 받았다. 그 손해배상금은 동업자 개인 주머니가 아닌 우리 가게에 귀속된다. 정말 고마운 일이다. 동업자가 노력한 덕분에 우리 가게의 자산이 늘어났다. 그럼 내가 동업자에게 해야 할 말은?

1번 : 고마워요. 다른 횡령 건도 손해배상을 받아서 우리 가게에 준다면 더 고마울 거예요.

2번 : 소송하니까 우리 가게가 너무 두려워하는 것 같아요. 앞으론 안 했으면 좋겠어요.

물론 정답은 1번이다. 일단 '가게가 두려워한다'는 말이 무엇인지 모르겠다. 가게라는 비생명체는 두려움을 느낄 수 없다. 소송에 따라 손해배상금이 가게에 입금되면 가게의 주인인 나와 동업자 둘 다 행복해진다. 횡령했던 도둑만 불행해질 뿐이다. 자기가 횡령한 돈을 회사에 입금해야 하기 때문이다.

2022년 1월 13일 〈매일경제〉는 "담합·배임 재판 상황 모두 제출하라"라는 기사에서 국민연금이 주주 대표 소송을 준비하고 있다면서 "기업들 공포심이 커진다"고 표현한다. "국민연금의 적극적 주주 권한 행사와 주주 대표 소송은 기업을 압박한다"고 한다.

이는 사실과 다르다. 주주 대표 소송이란 주주가 손해배상이라는 민사 소송을 제기하는 것이다. 피고는 기업에 피해를 준 이사다. 이사가 횡령, 배임 등 기업에 손해를 끼쳤다면 그 피해를 주주가 입는다. 그래서 주주는 민사 소송을 제기할 권한이 있다. 일정 규모의 지분을 가진 주주가 회사를 위해서 회사에 손해를 끼친 자에게 손해배상 소송을 제기하는 것을 주주 대표 소송이라고 한다. 주주 대표 소송에서 승소하면, 그 손해배상액은 소송을 제기한 주주가 아니라 회사에 귀속된다. 결국 기업에 손해를 끼친 가해자의 부당 이익을 기업에 토해 내게 하는 소송이다. 기업은 압박이나 공포를 느낄 이유가 없다. 이익을 볼 뿐이다.

나도 주주고 국민연금도 주주면 둘은 동업자 관계다. 국민연금이 주주 대표 소송을 하면 기업에는 이익이 발생한다. 회사의 손해 배상금이 회사로 귀속되기 때문이다. 기업은 두려워할 필요가 없다. 두려워해야 하는 주체는 기업이 아니라 기업의 이익을 횡령하거나 착복한 피고일 뿐이다. 기업과 불법 경영자를 같이 보지 말자. 기업의 이익을 부당하게 가져간 경영인의 불법 이익을 기업에 반환하게 하는 주주 대표 소송은 많이 하면 할수록 기업과 주주에게 이익이다. 그래서 국민연금이 제기한 주주 대표 소송에서 승소하면 기업도 좋고, 주주인 국민연금도 좋고, 우리의 노후도 풍족해진다.

경제지는 말끝마다 시장 경제를 잘 이해해야 한다고 한다. 현대 시장 경제의 핵심은 주식회사다. 그리고 주식회사를 소위 신자유주의적으로 해석한다면 주주에게 위임받은 경영인이 관리하는 회사를 뜻한다. 만약 신의성실의 원칙에 따라 회사 경영을 위임받은 경영자가 회사에 손해를 끼치고 배임 행위를 했다면, 회사와 주주를 위해 그 손해는 회사가 배상받아야 한다. 기업이 피해액을 배상받을까 봐 "기업들 공포심이 커진다"라는 기사는 참 이해하기 어렵다.

주주, 소유-지배 괴리도

주식회사의 주인은 누구일까? 이론적으로는 주식회사의 지분율만큼 주식회사의 주인이다. 어떤 회사가 주식을 100주 발행했다고 치자. 내가 그 회사 주식 10주를 가지고 있으면 10% 주인이다. 내가 10% 주인이면 그 회사 의결권의 10%를 행사할 수 있을 것 같다. 그리고 그 회사 이익 배당액의 10%를 내가 가져갈 수 있을 것 같다. 그러나 실제로는 지분을 1% 보유한 특정 지배 주주보다 의결권이 작을 때가 많다. 특정 지배 주주는 본인의 지분뿐만 아니라 친족, 계열사의 지분에 대한 통제권을 가지고 있기 때문이다. 이렇게 주식 지분율과 실제 지배력의 차이를 '소유-지배 괴리도'라고 한다. 소유-지배 괴리도가 높을수록 회사의 지배 구조가 취약하다고 평가할 수 있다.

31

기업과 기업인을
언제까지 혼동해야 할까

언론의 생명은 무엇일까? 공정성, 객관성? 그러나 공정성이라는 평가 잣대는 공정하기 어렵고 객관성은 객관적이기 어렵다.

2020년 1월 현재 손태승 우리금융지주 회장이 '자사주'를 매입해서 주가 부양에 힘썼다는 뉴스가 많이 나온다. 관련 기사가 무려 70건이 넘는다. 네이버 뉴스 토픽 실시간 검색 순위에 오르기도 했다. 그러나 안타깝게도 손 회장은 자사주를 매입할 수 없다. 70건이 넘는 뉴스가 사실상 틀린 뉴스다. 자사주란 자기 회사 주식의 줄임말이다. 회사라는 법적 인격체(법인)가 자기 회사 주식을 사는 것이 자사주다. 회사의 회장이라는 별개의 인격체에는 자기 주식이란 것이 있을 수 없다. 기업인과 기업을 언제까지 혼동해야 할까.

말장난이라고? 자사주라는 용어가 왜 만들어졌을까? 회사가 자사주를 취득하면 주식이라는 자산을 보유하는 것이 아니다. 주식 발행을 취소하고 미발행 주식으로 만드는 행위다. 그래서 회사가 자기 주식을 취득하는 독특한 행위를 따로 명명하고자 '자사주'라는 용어를 만들었다. 쉽게 설명해보자. 회사는 주식을 왜 발행할까? 자본금 충당이 목적이다. 주식을 발행한 만큼 돈이 들어와야 한다. 그런데 자기가 발행한 주식을 자기가 산다? 그럼 회사에 들어오는 자본금은 0원이다. 즉 회사가 자사주를 구매했단 얘기는 그만큼 미발행 주식이 발생했다는 뜻이다.

그래서 회사가 주식을 사면(자사주를 매입하면) 주식 발행량이 감소하니 그만큼 주가가 오른다. 그러나 손 회장이 주식을 사면 주식 발행량은 그대로다. 손바뀜만 발생한다. 결국 회사의 자사주 매입과 손 회장의 주식 구매는 근본적으로 다른 경제적 행위다. 따라서 손 회장의 주식 매입을 자사주 매입이라는 주식 부양으로 포장하는 것은 옳지 않다.

문제는 '왜 이렇게 틀린 뉴스가 70건 이상 보도되었을까?'이다. 물론 우리금융지주가 2020년 1월 6일 보도자료를 돌렸기 때문이다. 손 회장이 자사주 5,000주를 매입해서 주식 가치를 높였다는 보도자료 말이다. 그리고 그 보도자료를 비판 없이 쓰다 보니 발생한 사고다. 그러면 우리금융지주는 왜 이런 보도자료를 돌렸을까? DLF 사태(DLF라는 파생 상품을 부당하게 판매한 사건)에 따라 징계가 거론 중인 손 회장이 연임됐다. 연임된 손 회장이 우리금융지주를 사랑한다는 눈물겨운 스토리가 필요하다. 그래서 이러한 보도자료를 기사화하면 광고 등의 대가가 올 수도 있음을 짐작할 수 있다. 우리금융지주라는 금융 회사가 사실상 광고비를 들여서 손 회장의 개인 치적을 홍보하는 걸 보면 우리나라 금융 회사 시스템도, 언론도 아직 후진적으로 보인다.

다 떠나서 이게 뉴스 가치가 있을까? 5,000주를 사서 주주 가치를 높였다는데, 우리금융지주 한 주는 1만1,000원이다. 5,000주를 사 봤자 5,500만 원이다. 월급 회장이 사비 5,500만 원을 들여서 회사 주식(자사주는 아니다) 5,000주를 산 것이 뉴스 가치가 있을까? 그리고 이러한 틀린 뉴스를 70개 넘는 언론을 통해서 만나야 할까?

손 회장의 주식 구매와 상관없이 우리금융지주 주가는 떨어졌다. 시장은 그렇게 호락호락하지 않다. 호락호락한 것은 오히려 70개가 넘는 언론사 아닐까? 그리고 위태위태한 것은 언론의 다양성이다. 일개 회사의 잘못된 보도자료 하나에도 취약하니까.

자본금, 자본, 순자산

자본과 순자산은 같은 말이다. 순자산은 자산에서 부채를 뺀 나머지를 뜻한다. 즉 내가 10억 원짜리 아파트를 보유하고 있으면 자산은 10억 원이다. 그런데 대출이 3억 원이면, 순자산은 그 차액인 7억 원이다. 이 순자산을 자본이라고 한다.

회사도 마찬가지다. 내 밑천(자본금) 7억 원과 은행 대출 3억 원을 사용해서 10억 원짜리 회사를 만들었다. 그러면 이 회사의 자산은 10억 원, 부채는 3억 원, 순자산(=자본)은 7억 원이다. 현재 이 회사의 자본은 내가 출자한 자본금밖에 없으니 자본금과 자본은 7억 원으로 같다.

그런데 회사에서 순이익이 2억 원 발생했다. 발생한 이익 중 배당금 1억 원을 제외하고 나머지 이익잉여금 1억 원이 순자산에 더해진다. 이제 우리 회사 자본(순자산)은 8억 원이 되었다. 8억 원의 자본은 자본금 7억 원과 이익잉여금 1억 원으로 구성되어 있다. 즉, 자본과 자본금은 다르다. 자본금은 자본을 이루는 여러 구성 요소 가운데 하나다.

32

기업 비리는
홀로 만들어지지 않는다

LG전자 채용 비리 얘기다. 이 채용 비리 사건에 우리나라 언론, 검찰, 기업, 정부 등의 문제가 들어 있다. 우리나라의 각종 문제를 총체적으로 파악할 수 있는 귀중한 사례를 살펴보도록 하자.

LG전자 채용 비리는 2020년 5월 경찰발 뉴스로 시작한다. 경찰은 채용 비리 혐의로 LG전자를 전격 압수 수색했다. 언론 대부분이 이 소식을 전했다. 같은 날 LG전자의 '협력사의 안전도 상생의 축'이라는 보도자료가 많은 언론을 장식한다. LG전자의 발 빠른 대응인지, 아니면 그냥 우연인지 모르겠다. 결과적으로 협력사 안전을 생각하는 수십 건의 LG전자 뉴스가 포털에서 LG 채용비리 뉴스를 밀어내는 역할을 했다.

경찰은 수사를 마무리하고 10월 22일 전현직 임직원 12명을 기소 의견으로 검찰에 송치했다. 역시 많은 언론이 이 소식을 전했다. 공교롭게도 같은 날 LG전자가 한국전 참전 용사를 지원했다는 훈훈한 사회 공헌 뉴스가 나왔다. 참전 용사에게 생활지원금을 전달한 날짜는 19일인데, LG전자가 보도자료를 배포한 날짜는 22일이다. 공교롭게도 22일 채용 비리 뉴스가 다시 터진 날, 십수 개 언론이 따뜻한 사회 공헌 뉴스를 전하면서 포털에서 채용 비리 뉴스가 밀려났다.

공은 경찰에서 검찰로 넘어갔다. 검찰은 '피의 사실 공표 금지'를 철저하게 지켰다. 검찰발 뉴스가 없으니 LG전자 채용 비리 관련 뉴스는 거의 자취를 감추었다. 그러던 2021년 4월 〈세계일보〉의 놀라운 단독 보도가 나왔다. 반년 넘게 시간을 끌던 검찰은 12명 중 8명에게, 그것도 약식기소만을 청구했다. 과거 검찰은 KT 특혜 채용에 개입한 김성태 전 의원과 이석채 전 KT 회장에게 각각 4년, 2년의 징역형을 구형했다. LG전자 채용 비리는 증거가 더 구체적이다. 경찰의 성공적인 압수 수색으로 '관리 대상(GD) 리스트'도 확보했다. 그런데 정식 재판에 넘기지 않고 벌금형에 처해 달라고 법원에 약식기소했다니 놀랍다.

게다가 〈세계일보〉의 단독 기사를 인용한 언론이 거의 없어서 더 놀랐다. 우리나라 언론은 타사의 단독 보도를 잘 인용하지 않는 버릇이 있다. 인용하더라도 그냥 "알려졌다"로 쓰는 경우가 많다. 특히 단독 기사를 보도한 매체가 인터넷 언론일 경우에는 "한 인터넷 매체에 따르면"으로 인용하는 사례가 대부분이다.

그런데 놀라운 반전이 일어났다. 법원이 검찰의 약식기소에도 불구하고 정식 재판에 회부했다는 6월 17일 〈세계일보〉 단독 기사를 통해 드러났다. 법원이 검찰의 약식기소를 정식 공판으로 바꾸는 일은 매우 이례적이다. 다른 언론들도 6월 17일 첫 공판 사실을 전했다.

그러자 LG전자는 장애 청소년의 IT 역량을 키우는 사회 공헌 사업을 6월 18일 발표했다. 6월 17일 언론 대부분이 작성한 LG전자 채용 비리 뉴스를 또다시 십수 개의 훈훈한 사회 공헌 뉴스가 덮었다.

드디어 채용 비리 리스트가 7월 19일 세상에 공개되었다. 〈세계일보〉는 LG전자 부정 채용 문건을 단독으로 입수했다. LG전자는 관리 대상 리스트를 만들어 관리했는데, 〈세계일보〉에 따르면 "박근혜 정부 청와대 비서관을 지낸 중앙 부처 고위 공무원 딸, 국세청 간부 아들, 조달청 고위 공무원 딸, 지방법원 부장판사 동생, 문재인 정부에서 공공 기관장을 지낸 서울대 교수의 딸" 등이 있다고 한다.

〈세계일보〉 특종 이후 몇몇 언론이 'GD 리스트' 소식을 전했다. 또다시 LG전자는 7월 21일 'ESG 내용을 담은 지속 가능 보고서'를 발표했다. 수십 개의 언론이 이를 받아쓰면서 GD 리스트가 밀려나게 된 것은 물론이다.

2020년 5월에 시작된 LG전자 채용 비리 문제를 요약해보자.

첫째, 구조적 취업 비리. 사기업인 LG전자는 도덕적 책임은 있지만 회사에 끼친 피해는 없다고 주장한다. 일부 맞는 말이어서 더욱 큰 문제다. 실력 있는 직원을 뽑는 것보다 고위 공직자 자녀를 뽑는 것이 LG전자 발전을 위해 더 좋을 수도 있다. 문제는 이런 방식의 현대판 음서 제도가 우리나라의 효율성을 감소시킨다는 점이다. '그들만의 리그'에 속한 그들만의 이익과 국가 전체의 효율성을 맞바꾸는 구조란 얘기다. 청년들의 허탈감과 분노는 말할 필요조차 없다.

둘째, 검찰의 봐주기 기소. 경찰의 효과적 압수 수색과 기소 의견 검찰 송치 과정은 수백 건 이상 언론에 보도될 정도로 떠들썩했다. 그러나 검찰은 6개월 넘도록 가지고 있다가 약식기소만을 청구한다. 오죽하면 법원이 정식 재판으로 돌렸을까. 검찰의 기소 독점주의 폐해가 여실히 드러난다.

셋째, LG전자의 놀라운 사회 공헌 보도자료 배포 시점. 기업에 불리한 뉴스가 나오면 몇 시간 만에 훈훈한(?) 사회 공헌 뉴스 보도자료가 나온다. 그리고 대단히 많은 언론은 이를 받아쓴다.

넷째, 타사 단독 보도를 인용하지 않는 우리나라 언론의 옹졸함. LG전자 채용 비리와 관련해 〈세계일보〉는 엄청난 단독을 수없이 터뜨렸다. 그러나 검찰의 약식기소 단독 기사는 거의 인용되지 않았다. 〈세계일보〉의 GD 리스트 특종은 몇몇 방송 말고는 거의 보도되지 않았다. 일부 인용한 방송도 〈세계일보〉라는 사명을 표시하지 않았다. 언론인권센터는 "언론은 LG 채용 비리를 왜 적극 보도하지 않나"라는 논평을 통해 재벌 기업 비리를 소극적으로 보도하는 언론을 비판하기도 했다. 나는 언론의 GD 리스트 비보도는 비겁함보다 옹졸함이 더 크다고 생각한다. 즉 재벌 기업 비리에 눈을 감는 것뿐만 아니라 타사의 단독 기사를 쓰기 싫어한 이유가 더 크다. 실제로 경찰발 뉴스, 법원발 뉴스는 거의 모든 언론이 기사를 썼다. 백여 건이 넘는 기사가 검색된다. 그러나 〈세계일보〉발 뉴스는 거의 전해지지 않는다.

원래 종이 신문의 단독 뉴스를 방송 매체는 인용해도 타 종이 신문은 잘 다루지 않는다. 방송 단독 뉴스는 종이 신문에는 나오지만 타 방송에는 나오지 않는다는 사실을 알 만한 사람은 다 안다. 스티븐 스필버그의 영화 〈더 포스트〉는 특종이 아니라 낙종한 〈워싱턴포스트〉의 멋진 후속 보도를 찬미한다.

너무 우리나라의 모든 부분을 비판한 것 같다. 그럼 칭찬도 하자. 수많은 단독 기사를 쏟아내면서도 다른 언론의 외면으로 덜 알려진 〈세계일보〉 기자를 칭찬하자.

협력 업체

협력 업체는 하도급법에 따른 하도급 업체를 뜻한다.

협력 업체, 하도급 업체 '갑질' 문제는 주로 우리나라에서만 발생하는 독특한 경제 현상이다. 우리나라는 주로 중소기업인 하도급 업체가 재벌 기업의 업무를 위탁받아 납품하는 형태가 일반적이다. 재벌을 영어로 'chaebol'이라고 쓴다. 우리나라에 있는 독특한 기업 구조 및 산업 형태이기 때문이다. 마찬가지로 하도급 문제도 우리나라에서만 크게 문제가 된다. 미국은 독점적 재벌 기업을 통해 이루어지는 경제 구조가 아니어서 갑질할 수 없다. 기술력이 확보된 중소기업이라면 다른 대기업에 납품할 수 있기 때문이다. 유럽과 일본은 상호 신뢰에 따른 납품 관행 구조가 정착되었다. 그러나 우리나라는 소수의 재벌 기업 집단이 구매력을 통해 우월한 위치를 차지한다. 이에 공정거래법, 하도급법 등을 통해 협력 업체와의 평등하고 공정한 거래를 유도한다.

5부
경제 기사를 읽을 때 필요한 질문들

33

전기 요금은 올랐을까?

2021년 9월 우리나라 대부분 언론이 사설을 통해 논쟁을 벌였다. 전면전이다. 공격수는 〈조선일보〉와 〈중앙일보〉. 〈조선일보〉 사설은 "8년 만의 전기료 인상, 탈원전 정책 아래선 이제 시작일 뿐"이고, 〈중앙일보〉 사설은 "전기료 인상, 날아들기 시작한 탈원전 고지서"다. 여기에 〈매일경제〉가 지원 사격한다. 〈매일경제〉 사설은 "물가 상승에 기름 붓는 전기료 인상, 원전 외엔 제동 걸 방법 없다"이다. 요약하자면 8년 만에 전기료가 올랐는데 이는 탈원전 정책의 일환이라는 얘기다.

〈한겨레〉와 〈경향신문〉은 반격한다. 〈한겨레〉 사설은 "전기 요금 8년 만의 인상, 연료비 연동제 안착시켜야"이고, 〈경향신문〉 사설은 "8년 만의 전기료 인상, 전기료 체계 현실화 계기 돼야"이다. 즉 8년 만의 전기료 인상은 너무나 당연하며, 탈원전과 전기료 인상은 관계없다는 주장이다.

〈서울신문〉과 〈국민일보〉는 사설을 통해 전기 요금 인상에 따른 물가 상승을 잘 대비하자는 중립적 태도를 보인다.

거의 모든 언론이 사설을 총동원해서 전면전을 벌이는 것은 오랜만이다. 그런데 누가 맞고 누가 틀릴까? 정답은 '모두 틀렸다'이다. 놀랍게도 전기료 자체가 오르지 않았다. 아니 모든 언론이 전기료가 8년 만에 상승했고, 이에 대한 책임이 탈원전 정책인지 아닌지 논쟁하고 있는데 전기료 자체가 오르지 않았다? 이게 무슨 허무 개그일까.

예를 들어보자. 내가 8년 전부터 사는 월셋집이 있다. 8년 동안 월세가 안 올랐다. 고마운 일이다. 그런데 올 초에 집주인이 집 유지 비용이 줄었다며 3만 원 깎아준다고 한다. 그러다 며칠 전에 집 유지 비용이 올랐다며 3만 원 깎아주던 월세를 원상태로 유지하자고 한다. 이때 내가 주장한다.

"아니 8년 동안 월세를 안 올리다가 갑자기 월세를 올리는 것은 너무하지 않나요?"

이게 웬 뚱딴지인가. 작년은 물론 8년 전 가격 그대로 돌아갔을 뿐이다. 작년보다 더 올리자는 것이 아니다. 올 초에 깎아주었던 딱 3만 원만큼만 원상태로 회복하자는 것이다. 이를 월세 인상이라고 표현하면, 집주인은 너무 억울하지 않을까? 차라리 올 초에 3만 원 깎아주지 않고 작년 가격 그대로 월세를 유지했다면 인상했다는 말을 듣지 않았을 것이다. 계산해보면 올해 평균 월세 납부액은 작년보다 줄었다. 3분기까지는 작년보다 3만 원 적게 냈다. 4분기만 작년과 같은 금액을 내게 되었다.

전기료의 '연료비 연동제'가 오랜 논의 끝에 2021년부터 시작되었다. 유가 변동에 따라 전기 요금을 조절하겠다는 제도다. 우리는 유가 등락에 따라 휘발윳값과 경윳값이 변화하는 것을 당연하게 여긴다. 전기 요금도 원재룟값에 연동하는 것은 당연하다. 다만 전기료는 서민 생활에 밀접하게 연관되어 있어 최대 변동 폭에 상하한선을 두었다. 변동 금액은 분기당 최대 kW당 3원까지다.

올 초 유가 등 가격이 내려가서 조정 가격이 kW당 3원 깎였다. 작년은 물론 8년 전보다 전기 요금이 내려갔다. 그런데 2분기, 3분기에 유가 등 가격이 올랐다. 연료비 연동제에 따라 2분기, 최소한 3분기 전기 요금 조정 가격은 0원이 되어야 했다. 그러나 연료비 연동제 취지를 무시하고 -3원의 조정 단가를 계속 유지했다. 연료비가 지나치게 오르자 4분기에 드디어 -3원의 조정 단가를 0원으로 회복했다. +3원으로 올린 것이 아니다. 그런데 '아니 8년 동안 전기 요금을 안 올리다가 갑자기 올리는 것은 너무하지 않나요?'라고 주장할 수 있을까?

나는 작년 가격을 회복한 것에 불과하니 '인상'이라는 단어보다 '회복'이라는 단어를 써야 한다고 생각한다. 그래도 전분기보다 올랐으니 인상이라는 단어는 쓸 수 있다. 다만 "8년 만의 인상"이라는 문구를 써서는 안 된다. 이 표현은 8년 전보다 이번에 가격이 더 올랐다는 것을 의미하기 때문이다. 정확히는 '전분기보다 인상, 8년 전 가격으로 회귀'라고 표현해야 한다.

사실 공격 측 언론의 프레임은 전기 요금 인상보다는 탈원전에 방점이 찍혀 있다. 8년 만에 전기 요금을 올리는 것은 지나치다고 주장하지 않는다. 탈원전 때문에 8년 만에 전기 요금이 인상되었다고 주장한다. 그렇다 보니 〈한겨레〉와 〈경향신문〉 사설의 반론은 "8년 만의 전기 요금 인상은 탈원전 때문이 아니라 연료비 연동제 때문"이다. 하지만 진실은 '전기 요금은 인상되지 않았다'이다. 만약 내년에 유가 등 연료비 원가가 지속해서 오른다면, 연료비 연동제에 따라 전기 요금이 오를 수 있다. 그때 9년 만의 전기 요금 인상이라고 표현해도 늦지 않다.

그런데 9년 동안 인상되지 않은 것이 전기료 말고 또 무엇이 있을까? 한전의 누적 적자도 어차피 국민의 부담이 될 수밖에 없다.

유가 변동

　유가는 다양한 원인으로 변동한다. 가장 중요한 원인은 수요-공급 변화에 따른 가격 변동이다. 경기가 호황이면 에너지를 많이 소비한다. 수요가 증가하니 국제 유가는 상승한다. 중동 산유국이 감산을 결의해서 공급을 줄이거나 셰일가스가 개발되어 공급이 늘면, 국제 유가는 하락하거나 상승한다. 또한 금리가 낮아도 유가가 오를 수 있다. 금리가 낮으면 은행 등에 돈을 맡겨놓을 유인이 적어진다. 원유 같은 현물을 사는 데 돈이 몰린다. 그리고 원화 가치가 떨어지면(환율이 상승하면) 국내 유가는 오른다. 국제 유가가 변동하지 않더라도 원화 가치가 떨어지면 더 많은 원화를 주고 사 와야 하기 때문이다.

34

세금은 진짜 올랐을까?

언론 기사를 보면 문재인 정부 내내 세금이 많이 올랐다고 한다. 그렇다면 '세금'이라고 두루뭉술하게 말하지 말고 어떤 세금이 올랐는지 정확히 파악해보자. 세금이 오르는 데는 두 가지 경우가 있다. 첫째, 내 소득이나 재산 가치가 상승했을 경우. 둘째, 정부가 과표 구간을 조정하거나 세율을 올렸을 경우. 전자라면 좋은 일이다. 내 세금이 늘어난 이유가 내 연봉 상승이라면 기쁜 일이다. 후자라면 기분 나쁠 수 있다. 그래서 가장 기분 좋은 일은 내 소득이나 재산 가치는 증가하고 세율은 내린 경우다.

문재인 정부는 과연 이전의 박근혜 정부보다 얼마나 세금을 올렸을까? 첫째, 소득세. 박근혜 정부는 과표 1조5,000억 원 초과 세율을 올리고 문재인 정부는 과표 3억 원 초과 세율을 올렸다. 박근혜 정부가 증세 정부다. 만약 연봉이 3억 원을 훌쩍 넘지 않는 사람이라면 소득세 상승은 세율이 아니라 소득 상승에 기인한다.

둘째, 법인세. 박근혜 정부는 최저한 세율(법인이 세금을 감면받아도 최소한 내야 할 세율)을 두 차례나 인상했다. 문재인 정부는 3,000억 원 초과 법인의 법인세율을 올렸다. '넓은 세원 낮은 세율 원칙'이나 '조세 중립성 원칙'에 따라 박근혜 정부의 개혁에 점수를 더 주고 싶다. 박근혜 정부의 법인세 개정은 법인 대부분에 보편적으로 적용된다. 그러나 문재인 정부의 법인세 개정에 영향을 받는 법인은 100개가량에 불과하다. 법인세가 인상되는 법인의 숫자는 박근혜 정부가 더 많다.

셋째, 금융소득종합과세. 정말 부자라면 종부세보다 무서운 세금은 금융소득종합과세다. 박근혜 정부는 4,000만 원 초과에서 2,000만 원 초과로 대상자를 크게 확대했으나, 문재인 정부는 바꾼 것이 없다. 박근혜 정부가 증세 정부다.

넷째, 부가가치세. 세율은 물론 변함없다. 간이 과세 기준은 아주 오랫동안 4,800만 원 이하로 유지되다가 문재인 정부가 8,000만 원으로 확대했다. 문재인 정부가 감세 정부다.

다섯째, 취득세. 박근혜 정부와 문재인 정부 모두 세율은 변함없다. 다만 다주택자 취득세는 문재인 정부가 인상했다.

여섯째, 재산세. 문재인 정부는 재산세 세율을 올리지 않았다. 오히려 시가 약 12억 원 이하의 1세대1주택자 재산세율을 인하했다. 그러나 공시 가격 반영률 현실화로 재산세액이 늘어난 측면도 있다. 공시 가격 현실화 증세 효과가 더 클까, 재산세율 인하에 따른 감세 효과가 더 클까? 놀랍게도 재산세율 인하 효과가 더 크다. 그래서 시가 약 12억 원 이하 1세대1주택 소유자인 92%에게 감세 효과가 적용된다. 다만 12억 원 초과 주택 소유자 8%에게는 증세 효과가 발생한다. 1세대1주택자 소유자의 재산세가 증가했다면 그것은 재산세율이 아니라 부동산 가치 상승에 기인한다.

일곱째, 양도소득세. 원래 9억 원 이하 1세대1주택 소유자에게 양도소득세는 비과세다. 그런데 이를 12억 원으로 올렸다. 12억 원 이하 주택을 양도해도 비과세다. 이 혜택을 12억 원 이하만 보는 것이 아니다. 주택 양도 차익이 클수록 더 많은 혜택을 본다. 즉 1세대1주택 소유자에게 감세 효과가 적용된다. 다만 다주택자 양도세 중과를 큰 폭으로 늘렸다. 다주택자의 양도세는 매우 큰 폭으로 늘어났다.

여덟째, 종부세. 시가 약 12억 원 초과 주택 종부세율을 올렸다. 1세대1주택자는 9억 원 초과부터 종부세 부과 대상이었으나 11억 원 초과부터 부과했다. 즉 세율도 올리고 과표 구간도 올려서 세율 인상에 따른 증세 효과와 과표 구간 인상에 따른 감세 효과가 동시에 나타나도록 했다. 주택 가액이 매우 비싸면 세율 인상 효과가 더 크다. 다만 20억 원 수준이면 과표 구간 인상에 따른 감세 효과가 더 크다. 즉 약 20억 원대 1세대1주택자 소유자에게 감세 혜택이 발생했다. 다만 초고가 주택 소유자의 종부세는 올랐다. 특히 다주택자의 종부세는 대단히 많이 올랐다. 만약 20억 원 이하 1세대1주택자인데 종부세가 많이 올랐다면 그것은 주택 가격이 상승했기 때문이다.

마지막으로 국민건강보험료를 보자. 사실 고소득자가 아니라면 소득세 부담보다 국민건강보험료 부담이 더 큰 경우가 많다. 문재인 정부는 물론이고 박근혜 정부에서도 국민건강보험료는 꾸준히 올랐다. 다만 문재인 정부에서 국민건강보험료 인상폭이 조금 더 크다.

요약해보자. 재산세, 종부세와 같은 재산세제에서 문재인 정부는 중저가 1세대1주택자에게 감세 정부다. 고가 주택 소유자의 세금은 조금 올랐다. 다만 다주택자의 양도소득세와 종부세는 매우 큰 폭으로 올랐다. 소득세는 박근혜 정부에서 더 많이 올랐다. 법인세는 기업 수로 따지면 박근혜 정부에서 더 많은 증세 효과가 발생한다. 다만 상위 100개 정도의 재벌 기업의 경우에는 문재인 정부에서 더 많은 증세 효과가 발생한다.

감세가 좋을까, 증세가 좋을까? 정답이 있는 문제는 아니다.

장단점이 다 있기 때문이다. 다만 가치 평가 전에 기본 현황을 정확히 파악할 필요가 있다.

소득세제, 소비세제, 재산세제

세금의 종류는 대단히 많다. 이를 유형별로 분류하면 조세 제도 전체 구조를 이해하기 쉽다. 경제활동을 하는 단계에 따른 세금을 생각해보자.

일단 돈을 벌 때는 소득세제가 작동한다. '소득이 있는 곳에 세금이 있다'는 말은 너무도 당연하다. 소득세제에 속하는 세목은 소득세와 법인세다. 개인이 돈을 벌면 소득세, 법인이 돈을 벌면 법인세를 낸다.

돈을 벌 때도 세금을 내지만 돈을 쓸 때도 세금을 낸다. 물건을 사거나 용역을 거래할 때 내는 세금이다. 소비세제에 속하는 세금은 부가가치세, 개별소비세, 유류세 등이 있다.

특정 재산을 보유하거나 거래했다는 사실만으로 내는 세금을 재산세제라고 한다. 재산세와 종합부동산세가 대표적이다.

35

한국은 선진국일까?

팩트체크가 유행이다. 팩트체크가 하도 난립하니 이제는 '메타 팩트체크'가 필요해 보인다. 팩트체크를 팩트체크해야 한다.

2022년 1월 28일 〈매일경제〉에 "[팩트체크]한국은 선진국인가"라는 기사가 실렸다. "대한민국은 전 세계가 인정하는 선진국"이라는 이재명 더불어민주당 대선 후보의 발언에 대한 팩트체크라고 한다. 이 기사는 한국이 선진국이라는 말은 절반의 사실이라고 주장한다. "1인당 GNI, 출산율, 정치·사회적 갈등 측면은 선진국이 아니지만, 기술 혁신 분야는 선진국"이라고 한다.

많은 국제 기준에 따르면 한국은 이미 선진국이다. 기사에서는 한국이 선진국이 아닌 가장 중요한 근거로 1인당 GNI(국민총소득)를 든다. 2022년 한국 1인당 GNI는 약 3만 5,000달러. 기사는 "경제계에서는 1인당 GNI가 4만 달러를 충족해야 한다는 시각이 일반적이다"라고 한다. 그러나 이 말은 근거가 없다. 4만 달러는 그리 만만한 기준이 아니다. 월드뱅크 최신(2020) 1인당 GNI 자료에 따르면, 전 세계 3위 경제 대국 일본이 약 4만 달러로 선진국 경계선이다. 영국(3만9,700달러), 프랑스(3만9,480달러), 한국(3만2,960달러), 이탈리아(3만2,290달러), 스페인(2만7,360달러) 모두 4만 달러가 안 된다. 모두 선진국이 아니다? 물론 2020년에는 코로나19로 인해 서유럽 선진국들이 대거 4만 달러 이하로 추락했다. 그러나 코로나19 이전에도 OECD 회원국 평균 1인당 GNI는 4만 달러를 거의 넘지 못했다.

그럼 좀 더 객관적인 선진국 지표를 보자. 첫째, OECD 회원국. 민주주의와 시장 경제가 일정 조건이 돼야 OECD 가입이 가능하다. 전 세계 38개 국이 가입돼 있다. 물론 OECD 회원국 전체를 선진국이라고 보기에는 무리가 있다. 선진국이라고 보기에 좀 어려운 나라가 간혹 있다. 그래도 최소한 개발도상국을 원조하는 OECD 산하 조직인 개발원조위원회(DAC) 가입 28개 국은 선진국이라고 봐도 무방하다. 개발도상국을 지원하는 선진국의 의무를 수행하는 국가의 모임이기 때문이다. 한국은 2010년 DAC에 가입했다.

둘째, IMF 선진경제권(Advanced economies) 분류 국가. IMF는

전 세계 국가를 몇 가지 범주로 분류해서 자료를 작성한다. 신흥경제국(Emerging market)에 대비되는 선진경제권 39개 국에 한국이 속한다.

셋째, 유엔 인간 개발 지수(HDI). 우리나라는 유엔에서 HDI가 매우 높은 국가로 분류한 51개 국 가운데 하나다. 2020년 기준 한국은 미국(17위), 일본(19위)보다 조금 낮은 23위다. 스페인(25위), 프랑스(26위), 이탈리아(29위)보다 높다.

넷째, 유엔무역개발회의 그룹 B. 최근(2021. 7.) 한국은 유엔무역개발회의에서 사실상 선진 회원국 32개 국(그룹 B)에 포함됐다.

이외에도 월드뱅크에서 고소득 국가군으로 분류하고 있으며, 국제 채권국 협의체인 파리클럽 정회원이다. 또한 〈뉴스위크〉에서 선정한 세계 최상위 국가에 편입돼 있으며, 영국 〈이코노미스트〉 산하 EIU에서 발표하는 민주주의 지수에서도 완전한 민주주의 국가로 분류돼 있다. 국제투명성기구(TI)에서 발표하는 부패 인식 지수에서도 청렴 범위에 있다.

무엇보다 인구가 1,000만 명 넘는 나라 중 한국보다 1인당 GDP가 높은 나라는 미국, 오스트레일리아, 스웨덴, 네덜란드, 캐나다, 독일, 벨기에, 영국, 프랑스, 일본 등 10개 국뿐이다.

그런 의미에서 〈매일경제〉의 '1인당 4만 달러 GNI 기준으로 한국이 선진국이 아니다'라는 말은 좀 근거가 부족해보인다. 무엇보다 팩트체크를 한다면서 "경제계에서는 1인당 4만 달러가 넘어야 선진국이라는 시각이 일반적이다"라는 식의, 근거를 확인할 수 없는 모호한 표현을 쓰면 안 된다.

또한 기사에서 한국은 출산율이 낮아서 선진국이 아니라고 했으나, 일반적으로 선진국 출산율은 개발도상국 출산율보다 낮은 경향이 있다. 다만 선진국 대비 지나치게 낮은 복지 지출을 보면 한국이 선진국인가 싶긴 하다. 한국 GDP 대비 복지 지출 비율은 10.8%다. 이는 OECD 평균 19.8%의 거의 절반에 불과하다. GDP 대비 정부 지출 규모도 선진국과 대비해 적을 뿐만 아니라, 가뜩이나 적은 지출도 복지에 쓰지 않는다. 정부 지출 구조만 보면 선진국이라고 보기 힘들다.

그러나 이는 원인과 결과가 바뀐 것일 수도 있다. 즉 한국 복지 지출 규모가 작아서 선진국이 아니라기보다는, 선진국이 아니라는 잘못된 믿음 때문에 복지 지출 규모가 작은 것은 아닐까? 아직 한국은 선진국이 아니라는 잘못된 인식 때문에 세계 10위 경제 대국 국민이 마땅히 누려야 할 복지 권리를 국가에 요구하지 못하고 있는 것 아닐까?

인간 개발 지수

유엔 산하 조직인 유엔개발계획(UNDP)은 개발도상국 또는 최빈국을 경제·사회적으로 지원하고자 만들어졌다. 지원하려면 경제·사회적인 수준을 평가할 수 있는 기준이 필요하다. 이에 UNDP가 각 국가의 국민이 행복한 환경에서 자아실현을 잘할 수 있는지 알 수 있도록 만든 지표가 인간 개발 지수(HDI, Human Development Indicator)다. HDI 지표를 평가하는 기준은 평균 수명, 문해력, 평균 교육 년수, 1인당 국민총소득(1인당 GNI) 등이다. 우리나라는 전 세계 평가 대상 189개 국 중 23위에 위치한다. 상위권에는 노르웨이, 아일랜드, 스위스, 독일, 스웨덴 등 북유럽 또는 서유럽 국가가 있다. 미국(17위), 일본(19위), 스페인(25위), 프랑스(26위)가 우리나라와 비슷한 순위다.

문재인 정부는 곳간을 거덜 냈을까?

2022년 5월 윤석열 정부가 탄생했다. 지난 정부의 5년을 평가해야 할 때다. 재정 성적표를 보자. 수없이 많은 재정 지표가 있지만 가장 기본적인 것은 재정 수지다. 재정 수지는 국가의 '수'입에서 '지'출을 제외한 금액을 나타내는 재정 지표다.

지출보다 수입이 많아서 이익을 남기면 좋은 것일까? 기업을 평가한다면 그럴 수 있다. 그러나 국가는 민간과 이익을 놓고 경쟁하는 주체가 아니다. 민간이 많은 이익을 보도록 돕는 존재다. 민간에 자금을 공급하고자 적자 재정 운용이 필요할 때가 있고, 반대로 재정 여력 확보를 위해 흑자 재정을 운용할 때도 있다. 즉 흑자가 좋을지 적자가 좋을지는 경제 상황, 인구 구조, 국민적 합의 등 여러 가지를 복합적으로 판단해서 운용해야 한다.

판단에 앞서 선행되어야 할 것은 현재 재정 상황에 대한 정확한 진단이다. 현재 재정 수지가 적자라면, 과연 그 적자가 어느 정도이고 지속 가능한지 파악해야 한다. 반대로 현재 재정 수지가 흑자라면, 정부의 흑자를 위해 민간이 얼마나 희생하고 있는지 고려해야 한다.

문재인 정부의 재정 수지는 어땠을까? 많은 언론을 통한 이미지를 보면 "돈 풀기 중독", "거덜 난 곳간" 정도로 요약된다. 많은 언론이 이렇게 극단적인 표현까지 쓰는 것을 보면, 문재인 정부는 지나친 재정 확장으로 큰 폭의 적자를 기록했을 것 같다.

최근 발표된 IMF 〈재정 모니터(Fiscal Monitor)〉 2022년 4월 호를 통해 우리나라 '일반정부 재정 수지 비율'을 보자. 일반정부 재정 수지 비율이란 중앙정부뿐만 아니라 지방정부 등 우리나라 정부 전체의 수입에서 비용을 제외한 금액을 GDP로 나눈 것이다. 우리나라 정부 전체의 재정 수지 비율을 파악할 수 있는 자료다.

박근혜 정부 시기(2013~2016) 재정 수지는 매년 흑자였다. GDP 대비 재정 수지 비율은 연평균 약 1% 전후를 기록한다. 문재인 정부 시기(2017~2021) 재정 수지는 코로나19 이전과 이후가 다르다. 코로나19 이전인 2017년, 2018년은 2.2%, 2.6%로 이전보다 큰 규모의 흑자를 기록한다. 언론은 당시에도 "곳간 거덜", "슈퍼 예산" 등의 단어로 평가했으나, 실제는 사상 최대 재정 수지 흑자를 기록한 긴축 예산이었다.

	2013	2014	2015	2016	2017	2018	2019	2020	2021
선진국 평균	-3.7%	-3.1%	-2.6%	-2.6%	-2.4%	-2.5%	-3.0%	-10.5%	-7.3%
G7	-4.3%	-3.6%	-3.0%	-3.3%	-3.2%	-3.4%	-3.8%	-11.9%	-8.4%
한국	0.8%	0.6%	0.5%	1.6%	2.2%	2.6%	0.4%	-2.2%	-0.6%
한국- 선진국 평균	4.5%p	3.7%p	3.1%p	4.2%p	4.6%p	5.1%p	3.4%p	8.3%p	6.7%p

• IMF 〈재정 모니터(fiscal monitor)〉의 선진국 평균 재정 수지에서 우리나라 재정 수지의 차액을 보면 우리나라 재정 수지가 상대적으로 건전한 때는 2020년 이후다.

코로나19 이후인 2020년, 2021년 재정 수지는 적자를 기록한다. 재정 수지의 의미를 파악하고자 한다면 경제 상황을 고려해야 한다. 2020년, 2021년 선진국 평균 재정 수지 비율은 GDP 대비 -10.5%, -7.3%다. 반면 우리나라 재정 수지 비율은 -2.2%, -0.6%다. 선진국 평균 재정 수지 비율과 우리나라 재정 수지 비율의 차이는 무려 8.3%포인트, 6.7%포인트를 기록한다. 역대 유례가 없을 정도로 커다란 차이다.

정리하자면, 문재인 정부의 일반정부 재정 수지 비율은 코로나19 이전까지는 박근혜 정부의 재정 수지 비율보다 더 큰 폭의 흑자를 기록하는 긴축 재정을 펼쳤다. 그러나 코로나19 이후에는 적자 재정을 펼쳤다. 코로나19 이후 우리나라 재정 수지 비율은 다른 선진국과 대비해서 가장 적자 폭이 작다. 코로나19 이전에도 우리나라 재정 수지 비율은 다른 선진국보다 건전한 편이었지만 1등은 아니었다. 반면 코로나19 이후 선진국 대비 우리나라 '벤치마크(bench mark) 재정 수지 비율'은 역대급으로 가장 건전하다. 이 정도의 현실 진단은 공유한 뒤 우리나라 재정에 대해 평가하고 합의해야 할 필요가 있다.

예산은 정치다. 재정 수지 비율과 같은 재정 지표는 국민적 합의를 통해 운용해나가야 한다. 적자가 좋은 것도 아니고, 흑자가 좋은 것도 아니다. 특히 우리나라는 가장 빠르게 저출생 고령화 사회가 진행 중이어서 다른 나라보다 건전하게 재정을 운영할 필요가 있다는 지적은 합리적인 측면이 있다.

다만 객관적이고 정확한 현실 진단이 무엇보다 우선해야 한다. 2017년 정부 지출 규모 증가율이 경상성장률보다 적은 긴축 재정을 펼칠 때도 많은 언론은 "슈퍼 예산"이라고 표현했다. 2018년 사상 최고 수준의 흑자 재정을 펼칠 때도 "재정 중독"이라고 표현했다. 그리고 작년 코로나19 상황에서도 재정 수지 비율이 고작 -0.6%에 머물렀다는 상황을 예측한 언론은 전혀 없었다. -0.6% 정도라면 거의 균형 재정에 가까운 수치다. 2021년에 큰 폭의 재정 수지 적자를 기록할 것이라는 잘못된 전망은 수많은 언론에 반복적으로 실렸다. 그러나 2021년도 수정 전망치가 나온 IMF 보고서 배포 이후에도 이 의미를 제대로 소개하는 언론은 정말 드물다.

작년 우리나라 재정 수지가 큰 폭의 흑자를 기록했어야 했다고 주장하는 언론도 필요할 수 있다. 다만, 작년 우리나라 일반정부 재정 수지 비율은 균형 재정에 육박하는 -0.6%였다는 사실 자체는 최소한 보도해야 하지 않을까?

핵심 용어

통합 재정 수지, 관리 재정 수지, 일반정부 재정 수지

재정 수지는 수입과 지출의 차이를 의미한다. 수입이 지출보다 크면 재정 수지가 흑자가 된다. 그런데 수입을 어떻게 정의 내리고 지출의 범위를 어디까지 인정할지에 따라 다양한 종류의 재정 수지가 있을 수 있다. 우리나라는 보통 통합 재정 수지와 관리 재정 수지 두 가지를 사용한다.

통합 재정 수지는 중앙정부의 예산과 기금을 통합한 총수입에서 총지출을 제외한 값이다. 우리나라 통합 재정 수지에는 일종의 아웃라이어가 존재한다. 국민연금기금은 현재 약 40조 원의 흑자를 기록한다. 물론 국민연금기금에서 아무리 흑자가 많이 발생했다 하더라도 다른 예산에서 남은 돈을 쓸 수는 없다. 이에 국민연금 및 일부 사회보험성 기금 수지를 제외하고 우리나라 재정 수지를 별도로 산정한다. 이를 관리 재정 수지라고 한다.

일반정부 재정 수지는 중앙정부뿐만 아니라 지방정부와 사실상 정부인 비영리 공공 기관(국민건강보험공단 등)의 재정 수지까지 발생주의 개념으로 합산한 것이다. 국제 비교에는 일반정부 재정 수지가 주로 쓰인다.

37

감세 또는 증세하면
물가가 잡힐까?

1점이 아쉬운 야구 경기 상황이다. 감독은 무사 1루에서 희생 번트 사인을 낸다. 희생번트가 성공하면 타자는 아웃이지만 1루 주자는 2루까지 간다. 아웃이어도 작전 성공이다. 아웃 카운트는 하나 늘었지만, 타자의 '희생'으로 앞선 주자를 2루로 보냈기 때문 이다. 스포츠 경제학자 이영훈에 따르면 무사 1루 시 득점 확률은 44%, 1사 2루 시 득점 확률은 그보다 낮은 41%다. 통계를 보면 희 생번트는 성공해도 실패한 전략이다. 그런데 왜 여전히 일부 감독 은 희생번트를 지시할까? 강준만 교수는 이를 '행동편향'으로 해 석한다. 행동편향이란 똑같은 결과나 그보다 못한 결과가 나오더 라도 가만히 있는 것보다 행동하는 게 낫다는 잘못된 믿음이다.

위기가 닥치면 차라리 가만히 있는 것이 나을 때가 있다. 그러나 대체로 '뭐라도 해야 한다'는 편향이 생긴다. '그래도 나는 최선을 다했다'면서 책임을 회피하고 위안으로 삼아야 하기 때문이다. 강준만 교수는 이러한 행동편향으로 정부가 바뀔 때마다 대학입시 제도가 바뀌는 이유를 설명한다. 마찬가지로 나는 물가 급등 시 정부의 대책을 행동편향으로 해석할 수 있다고 생각한다.

물가가 올라서 국민이 힘들다는데 정부가 아무것도 안 할 수 없다. 2008년 물가가 오르자 이명박 대통령은 가격 통제를 통해 물가를 잡고자 했다. 유명한 'MB 물가 지수'가 이때 나왔다. 그러나 MB 물가 지수는 희생플레이가 아닌 병살타에 그쳤다. MB 물가 지수 품목들의 5년간 물가 상승률은 전체 소비자 물가 상승률의 1.6배에 달했다.

윤석열 정부 첫해인 2022년은 2008년보다 물가 상황이 더 안 좋다. 물가 상승률이 5%에 육박한다. 윤석열 정부는 가격 통제를 통한 물가 억제 방식은 사용하지 않는다고 한다. 좋은 선택이다. 그러나 역시 아무 일도 하지 않을 수는 없는지 감세를 통해 물가를 잡는다고 한다. 즉 관세, 부가가치세 등 세금을 줄여서 물가를 잡는다고 한다. 그런데 세금을 줄이면 물가가 잡힐까? 미국도 물가가 심각하다. 자그마치 8% 상승이라고 한다. 그런데 미국은 물가를 잡고자 오히려 세금을 올린다. 바이든 대통령은 최근 인플레이션 해법으로 증세를 주장한다. 법인세 등 소득세제를 올려 총수요를 낮춰 물가를 잡겠다는 것이다. 우리나라와 정반대다. 한국이 맞을까, 미국이 맞을까? 안타깝게도 '알 수 없다'가 정답이다.

관세와 부가가치세 같은 소비세를 내리면 이론적으로 물가는 내려갈 수 있다. 그러나 우리나라는 이미 전 세계에서 FTA 협상을 가장 많이 맺은 국가에 속한다. FTA 협상국에서 수입하는 농산물 관세는 이미 제한적이다. 그리고 FTA 체결국 농축산물 수입 비중이 전체의 82%를 차지한다.

또한 부가가치세 인하에 따른 가격 인하 효과도 제한적일 수밖에 없다. 깎아준 세금 전체가 가격 인하에 반영되는 것은 아니기 때문이다. 감세 효과의 일부는 생산자 잉여로 간다. 특히 재산세와 종부세 인하는 오히려 물가 상승의 요인이 된다. 재산세 등 인하로 가처분소득(세금이나 연금 납입금 같은 공적 이전 소득을 제외한 소득)이 증가하면 물가는 오른다. 또한 재산세, 종부세 인하는 부동산 가격 상승을 일으킨다. 부동산 가격 상승은 연쇄적으로 물가 상승을 불러일으킬 수 있다.

정부도 감세 등의 조치가 효과적인 물가 억제 정책이 아님을 인정한다. 정부는 세금 감면만 6천억 원, 총 3조 원이 넘는 물가 긴급 대책에도 물가 인하 효과는 겨우 0.1%포인트에 머물 것으로 전망한다. 정책 비용은 많지만, 기대 효과는 매우 적다.

조세 정책의 존재 이유는 일차적으로 세수 확보가 목적이다. 또한 각종 정책적 목적으로 조세 제도를 활용한다. 예컨대 소득 재분배나 술, 담배와 같은 해로운 행위를 막는 역할을 조세에 요구하기도 한다. 조세의 여러 가지 역할 중 경기 조절 정책은 특히 주의해야 한다. 경기 변동의 주기와 조세 제도의 효과를 일치시키기 어렵기 때문이다. 실제로 조세 제도를 통해 물가나 부동산 등의 경기를 조절하는 데 성공한 예는 드물다.

문재인 정부는 다주택자 양도소득세 중과세를 통해 부동산 가격을 잡으려고 했다. 세금 중과 시점을 예고해서 다주택자가 양도소득세 중과 시행 전에 매물을 내놓기를 유도했다. 논리만 보면 다주택자는 양도소득세 중과세 시행 전에 주택을 팔 것이라고 기대할 수 있다. 그러나 결과는 실패였다. 다주택자들은 정부의 정책을 비웃으면서 주택을 팔지 않았다. 지속될 수 있는 정책이라고 판단하지 않았기 때문이다. 시쳇말로 '버티면 승리한다'고 믿었다. 윤석열 정부는 1조 원대의 세수 손실이라는 확실한 부작용을 통해 잘해야 0.1%포인트 물가 인하라는 불확실한 긍정적인 효과를 기대한다. 아웃 카운트만 올리고 득점 확률은 떨어지는 잘못된 희생플레이 전략이다.

어렵고 복잡할수록 원칙을 지켜야 한다. 부동산 시장이나 물가 변동 등의 경기 조절용으로 어설프게 조세 제도를 활용하기보다 조세 제도의 근본원리를 지키는 것이 중요하다. 부동산 세제 정상화의 합의된 결론은(최소한 글로벌 스탠다드 관점에서는) 거래세를 낮추고 보유세는 올리는 것이다. 조세 정책은 국민이 합의한 원칙을 일관되게 유지하는 것이 무척 중요하다. 수십 년간 합의한 조세 원칙을 허물고 신박한 대안을 찾는다 하더라도 물가 조절 효과는 미미하다. 행동편향에 불과하다.

부동산 보유세와 거래세

부동산 관련한 세금은 보유세와 거래세로 나뉜다. 부동산 관련한 경제 행위에는 세 종류가 있다. 취득해서(사서) 보유하다가 (가지고 있다가) 양도한다(판다). 그중 취득하는 거래 과정에서 내는 세금이 취득세다. 보유하는 도중에 내는 세금이 재산세와 종부세다. 그리고 양도할 때 내는 세금이 양도소득세다.

부동산 세제의 합의 사항(컨센서스)은 거래 단계의 세금을 낮추고 보유 단계의 세금을 높이는 것이다. 부동산을 가장 효율적으로 이용하고 많은 효용을 보기 위해서는 거래 비용을 낮춰야 한다. 그리고 보유 단계의 세금을 높여서 무수익 자산이나 저수익 자산의 보유를 줄여야 한다.

38

고소득자 세금은 늘어나고 있을까?

"불행한 가정의 사연은 다양하다. 그러나 행복한 가정의 이유는 모두 비슷하다." 레프 톨스토이가 쓴 《안나 카레니나》의 유명한 첫 문장이다. 마찬가지로 언론 문제를 다루는 글들을 보면 언론에 참 다양한 문제가 있어 보인다. 그러나 해결 방안은 의외로 비슷하다. 기획 기사를 늘리는 것이다.

그런 점에서 〈한국경제〉의 "고소득자만 쥐어짜는 세금" 시리즈는 기획 기사의 힘을 보여준다. 2021년 5월 5일부터 시작한 "소득 상위 5%가 세금 65% 내는 나라"부터 2021년 5월 16일 현재 "어렵게 투잡 뛰었는데…종합소득세 날벼락 맞은 이유"까지 무려 17개의 기사를 이어가고 있다.

다양한 논점의 언론이 필요하다는 의미에서 고소득자가 세금을 많이 낸다는 기획 기사는 나름의 존재 이유가 있다. 다만 다양성을 존중한다는 마찬가지 이유로 정말 고소득자 세금이 많이 늘어나고 있는지 밀도 있게 분석하는 기사도 필요하다. 그러나 〈오마이뉴스〉의 "고소득자 쥐어짜는 세금? '한국경제'가 감춘 진실" 외에는 고소득자 세금 증가의 실태를 균형 있게 다루는 기사를 찾기 힘들다. 이에 〈한국경제〉가 분석한 원자료인 '국세청 통합소득'을 바탕으로 고소득자 세금 부담이 얼마나 커졌는지 분석해보고자 한다.

국세청 통합소득이란 근로소득과 종합소득을 통합한 뒤 중복분을 없앤 소득 자료다. 개인별 소득과 납세 정보를 잘 반영한다. 이 자료에 따르면 2019년 현재 연간 6억2,300만 원을 벌면 소득 상위 0.1%에 들어갈 수 있다. 4년 전인 2015년에는 5억400억 원만 벌어도 상위 0.1%에 진입할 수 있었다. 그리고 상위 1%에 들어가려면 연간 1억8,200만 원을 벌어야 한다. 4년 전인 2015년에는 1억6,300만 원만 벌면 상위 1%에 진입할 수 있었다. 2019년 현재 내 소득이 2,500만 원이면 딱 중위다. 국세청에 소득을 신고하는 사람 기준으로 나보다 잘 버는 사람이 절반, 나보다 못 버는 사람이 절반 정도 된다는 얘기다.

다시 말해 상위 0.1% 소득은 2015년 27조 원에서 2019년 37조 원으로 35.8% 증가했다. 이렇게 소득은 35.8% 증가했는데 세금은 48.4% 증가했으니 〈한국경제〉의 주장대로 "고소득자만 쥐어짜는 세금"일까?

	2019년 통합소득	결정세액	경계소득	2015년 통합소득	결정세액	경계소득	소득 증감율	과세 증감율
전체	873,432,862	66,072,940		677,837,011	46,183,023		28.9%	43.1%
0.1%(누적)	36,623,945	12,321,339	623.2	26,959,629	8,301,547	544.8	35.8%	48.4%
1%(누적)	98,015,869	27,324,360	182.1	74,330,188	19,385,261	163.0	31.9%	41.0%
49~50% (중위소득자)	6,057,682	64,814	24.8	4,474,220	41,719	21.0	35.4%	55.4%

• 2015·2019년 통합소득 비교. 국세청 통합소득 천분위 자료(단위: 백만 원)(이상민).

그러나 중위소득자를 보면, 같은 기간 동안 소득은 35.4% 증가했는데 세금은 55.4% 증가했다. 중위소득자의 세금 증가율이 고소득자보다 높다. 중위소득자의 면세 비율이 점차 낮아졌기 때문이다. 이런 상황에서 고소득자 세금만 폭등한다는 이야기는 과장된 측면이 있다(소득 증가율보다 세금 증가율이 높은 까닭은 누진 구조 때문이다. 조금 버는 사람에게 낮은 세율, 많이 버는 사람에게 높은 세율을 적용하자는 것은 이미 사회적 합의를 이룬 사안이다).

2019년 상위 0.1%의 총소득은 36조6,000억 원이다. 전체 소득자의 4.2%를 차지한다. 4년 전인 2015년 상위 0.1%가 전체 소득자의 4%인 것과 비교하면 소득 재분배가 나빠졌음을 알 수 있다. 마찬가지로 상위 1%의 소득 비중도 더 높아졌다. 초고소득자의 소득 편중이 심해졌다는 얘기다.

　　과세 비중은 이와 조금 다르다. 2015년에는 상위 0.1%가 전체 세금의 18%를 부담했는데 2019년에는 18.6%를 부담했다. 세부담 비중이 다소 늘었다. 반면, 상위 1%는 같은 기간 동안 42% 부담하던 세금 비중이 41.4%로 낮아졌다. 결국 연봉 1억8,200만 원 받는 고소득자 집단인 상위 1%의 세금 부담 비중은 오히려 줄었다. 그리고 연봉 6억 원이 넘는 상위 0.1% 초고소득자의 과세 비중은 다소 늘었다. 이는 소득이 늘어난 덕분이기도 하고 과표 3억 원 초과 세율이 인상됐기 때문이기도 하다.

구분	2019년					2015년				
	경계 소득	누적 소득	누적 소득 비중	누적 과세	누적 과세 비중	경계 소득	누적 소득	누적 소득 비중	누적 과세	누적 과세 비중
0.1%	623.2	36,623,945	4.2%	12,321,339	18.6%	544.8	26,959,629	4.0%	8,301,547	18.0%
1%	182.1	98,015,869	11.2%	27,324,360	41.4%	163.0	74,330,188	11.0%	19,385,261	42.0%
50%	24.8	729,715,184	83.5%	64,716,640	97.9%	21.0	574,905,753	84.8%	45,528,222	98.6%

• 2015-2019년 과세 비중 관련 자료(이상민).

　　〈한국경제〉는 문재인 정부에서 고소득자 세금이 증가했다고 한다. 사실이다. 정확히 말하면, 문재인 정부는 과표 3억 원이 넘는 초고소득층 세율을 2%포인트(38%→40%) 올렸고 과표 10억 원이 넘는 '초초고소득층' 세율을 40%에서 45%로 제법 큰 폭으로 인상했다. 만약 내 연봉이 3억 원을 훌쩍 넘지 않는다면 문재인 정부 정책에 따라 늘어난 세금은 거의 없다. 결국 가치 판단의 문제다. 초고소득층 소득 비중이 커지는 상황에서 누진과세를 강화할지, 아니면 초고소득층의 과세 편중을 완화할지는 다양한 토론과 논쟁이 필요하다.

핵심 용어

지니계수

소득이 얼마나 평등한지를 평가하는 지표로 지니계수(소득불평등 지표)가 대표적이다. 지니계수는 가장 소득이 낮은 사람부터 가장 소득이 높은 사람까지 일렬로 세운 백분위 값으로 X축을 그린다. 그리고 누적 소득으로 Y축을 그린다. 만약 모든 사람의 소득이 같으면 불평등 면적은 0이 된다. 그리고 모든 소득을 단 한 사람이 차지하는 완벽하게 불평등한 사회라면 지니계수는 1이 된다. 즉 지니계수는 0일 때 완전 평등 상태고, 1일 때 완전 불평등 상태다. 모든 사회의 소득 불평등 지수는 0과 1 사이에 있다.

지니계수 숫자가 커지면 그 사회는 점점 불평등해지고 있다는 뜻이다.

다만 지니계수만으로 모든 소득 불평등 정도를 나타낼 수는 없다. 예를 들어 상위 0.1% 소득이 불평등해지는지 또는 상위 10% 소득이 불평등해지는지 알 수 없다. 사회적 체감 불평등 정도를 그대로 반영할 수 없다는 의미다. 특히 지니계수와 같은 소득 불평등 지수는 자산 불평등 정도를 나타내지 못한다. 그 사회의 불평등 정도를 정확히 파악하려면 소득 불평등과 자산 불평등 두 가지를 동시에 고려해야 한다.

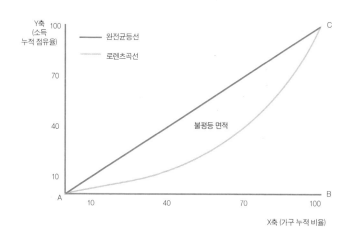

39

한국은 진짜 미국보다 법인세율이 높을까?

시험을 잘 보는 비법이 있다. 쉬운 문제는 풀어서 맞히고 어려운 문제는 찍어서 맞히면 된다. 너무 당연하지만 의외로 도움이 된다. 괜히 어려운 문제를 풀다가 시간을 쓰는 것보다 쉬운 문제를 확실히 푸는 게 좋다. 어설프게 추측하기보다 연필을 굴리면 오지선다 정답률은 20%까지 올라간다. 반면 어려운 문제를 단순하게 생각하고 풀면 정답률이 20% 미만으로 떨어진다. 출제자는 응시자가 어떤 부분을 헷갈리는지 잘 알고 있다.

"삼성전자 세 부담, TSMC의 2.5배", 2021년 4월 1일 만우절 〈한국경제〉 1면과 3면을 가득 채운 기사 제목이다. 기사는 삼성전자와 인텔, 그리고 TSMC의 법인세를 비교했다. 법인세율을 비교하려면 명목 법인세율과 실효 법인세율을 비교해야 한다. 명목 법인세율은 법 조항에 명시된 세율이다. 실효 법인세율은 실제 부담하는 법인세율이다. 여기서 쉬운 문제는 명목세율이고 어려운 문제는 실효세율이다. 쉬운 문제는 반드시 맞혀야 하며, 어려운 문제는 복잡한 풀이 과정을 거쳐서 맞혀야 한다. 너무 단순하게 풀면 찍느니만 못하다.

기사는 한국 명목 법인세 최고 세율은 25%로 미국(21%), 타이완(20%)보다 높다면서 "국내 일자리 창출을 위해서 정부가 법인세율을 캐나다와 독일 수준(15%)까지 낮춰야 한다"고 주장한다. 그러나 이는 틀린 말이다. 지방에 내는 법인세가 빠져 있기 때문이다.

한국 법인세 최고 세율은 25%가 아니다. 중앙정부에 내는 법인세액의 10%를 추가로 지방소득세로 내야 한다. 따라서 중앙정부+지방정부에 내는 법인세율은 27.5%다. 미국도 최고 세율이 21%가 아니다. 연방정부 법인세만 21%다. 인텔이 위치한 캘리포니아는 8.8%의 주 법인세를 따로 낸다. 그래서 인텔의 법인세는 29.8%다. 한국보다 높다. 마찬가지로 독일 법인세도 15%가 아니다. 지방에 내는 법인세까지 합하면 세율은 29.9%까지 올라간다. 독일 수준에 맞추려면 법인세율을 오히려 올려야 한다. 캐나다도 연방 법인세와 별도로 주 법인세를 부담한다. 브리티시 컬럼비아주는 최고 12%까지 부담한다.

다음으로 실효세율 비교는 어려운 문제다. 복잡한 풀이 과정이 필요하다. 그런데 〈한국경제〉 기사는 실효세율을 너무 단순하게 비교했다. 회계상 이익으로 회계상 법인세 비용을 나눴다. 일단 회계상 법인세 비용은 실제 법인세 납부 비용이 아니다. 회계기준상 이익과 법인세법상 소득이 다르기 때문이다. 법인세 납부를 미루는 방식(이연) 등으로 미래의 법인세를 깎아주거나 더해주는 일이 발생한다. 그 시간 차이는 3년 정도로 해소되지 않는다. 그러므로 〈한국경제〉와 같은 방식으로 10여 년간(2011~2020) 삼성전자 실효세율을 계산하면 27%가 아니라 24%다. 다른 방식의 재무제표를 사용하면(연결 기준이 아니라 개별 기준) 10여 년간 실효세율은 20%로 떨어진다.

실효세율을 다르게 정의할 수도 있다. 과표 대비 총부담세액을 통해 실효세율을 계산하는 것이 더 일반적이다. 한국 정부에 실제로 납부한 법인세액을 의미하기 때문이다. 〈국세통계연보〉를 보면 총부담세액 5,000억 원 초과 기업의 최근 10년간 과표 대비 총부담세액은 17.3%이고, 총부담세액 5,000억 원 초과 기업은 삼성전자, SK하이닉스 등 몇 개에 불과하다. 한국 최우량 기업의 실제 세금 부담액을 파악할 수 있는 직접적인 자료가 된다.

실효세율을 외국과 비교하는 것은 정말 어려운 문제다. 인텔과 삼성전자 중 세 부담이 더 큰 기업을 찾는 문제를 풀라고 하면, 나는 차라리 찍기를 택했을 지 모른다. 〈한국경제〉 기사처럼 "기본적으로 한국 법인세율이 미국보다 높고 시설 투자 등 세제 지원도 턱없이 낮아" 실효세율이 한국이 더 낮다고 말할 정도로 간단한 문제가 아니다. 각 국가의 세법과 환경이 달라서 비교 방법에 따라 다양한 실효세율 수치를 얻을 수 있다. 〈한국경제〉 기사와 같은 방식으로 지난 10년간 인텔의 법인세 실효세율을 계산해보면 23%다. 〈한국경제〉에서 언급한 2020년 유효세율 16.7%와 차이가 크다. 타이완의 TSMC가 삼성전자보다 법인세를 덜 낸다는 말은 맞는 것 같다. 정확히 2.5배인지는 모르겠지만, 어떤 기준으로 TSMC의 법인세 비용을 계산해봐도 삼성전자보다 법인세 부담이 적은 것은 명확하다.

그러나 이것이 기사에서처럼 "기업이 해외로 생산 기지를 옮기는 원인이 된다"고 말하기는 어렵다. 법인세보다 기업 환경을 결정하는 더 중요한 요인이 많기 때문이다. 앞서 말한 대로 미국은 주별로 법인세율이 매우 다양하다. 캘리포니아주 법인세는 8.8%가 넘지만, 인접한 네바다주는 법인세가 0%다. 그러나 인텔과 같은 많은 첨단 기업은 비싼 캘리포니아주 법인세를 부담하면서 버티고(?) 있다. 기업 입지 선정에 법인세율이 미치는 영향은 제한적이라는 의미다.

쉬운 문제는 확실히 맞혀야 한다. 그러나 쉬운 문제도 틀릴 수 있다는 사실을 인정하자. 사람은 누구나 실수할 수 있다. 다만, 아는 문제를 일부러 틀리는 거라면 큰 문제이지 않을까?

명목세율, 실효세율

내가 얼마나 많은 세금을 내는지 알고 싶다면 세법에 적힌 세율만 보면 안 된다. 세법에 적힌 세율(명목세율)과 실제 내가 부담하는 세율(실효세율)이 다르기 때문이다.

우리나라 법인세법에 적힌 최고 세율은 25%다. 그러나 어떤 기업이 10조 원의 이익을 낸다고 25%인 2조5,000억 원을 법인세로 내는 것은 아니다. 각종 비과세, 공제 제도가 있다. 즉 순이익이 11조 원이어도 여러 비과세와 소득 공제, 또는 익금불산입(법인세법상 이익으로 인정하지 않는 세무 조정) 등으로 과세 대상이 되는 금액인 국가채무(과표)는 10조 원이 될 수도 있다. 그렇다고 과표 10조 원에 세율 25%를 적용해 2조5,000억 원을 법인세로 내는 것 또한 아니다. 2조5,000억 원의 산출세액(과표에 세율을 적용한 금액)에서 각종 세액 공제를 적용하면 실제 내는 세금은 2조 원에 미치지 못하는 경우가 많다. 만약 실제 내는 세금이 2조 원이라면 순이익 대비 실효세율은 2/11=18%가 되고, 과표 대비 실효세율은 2/10=20%가 된다. 즉 명목세율은 25%지만, 실효세율은 18%라고 말할 수도 있고 20%라고 말할 수도 있다.

40

쿠팡은 왜 미국에 상장했을까?

한국에서 가장 큰 기업은? 삼성전자다. 그럼 두 번째로 큰 기업은? 놀랍게도 쿠팡이었던 적이 있다. 미국 뉴욕증권거래소(NYSE) 쿠팡 상장 직후에 그랬다. 상장 직후 쿠팡이 SK하이닉스를 제치고 시가 총액 기준 한국에서 두 번째로 큰 기업이 되었다. 그런데 왜 쿠팡은 미국에서 상장했을까?

일부 언론은 그 이유를 차등의결권 같은 '경영권 방어' 장치가 미국에 있기 때문이라고 한다. 차등의결권은 지배 주주가 가진 주식에 가중치를 부여하는 것이다. 김범석 의장이 지닌 쿠팡 주식은 29배의 의결권을 갖는다. 이런 식으로 쿠팡의 미국 상장 소식을 전하는 기사는 지나치게 단순하고 단정적이라는 이유로 비판받기도 했다.

차등의결권이 있어서 미국에 상장했다고 주장하는 많은 언론의 논리는 이렇다. 상장되면 지분이 희석된다→지분이 희석돼도 지배 주주가 지배력을 유지하고 싶다→희석된 지분에도 지배력을 유지할 수 있는 방어 장치가 필요하다→미국에는 차등의결권이 있다→따라서 미국에 상장했다.

오히려 나는 쿠팡이 미국에 상장한 이유를 더 단순하고 더 단정적으로 얘기할 수 있다고 생각한다. 그 이유는 미국에 상장하면 상장 차익이 더 크기 때문이다. 쿠팡은 전자상거래 업체다. 쿠팡 매출액은 인터넷 공룡 네이버의 전자상거래 매출보다 적다. 그런데 네이버 시가 총액을 크게 앞질렀다. 한국에 상장했다면 과연 쿠팡이 삼성전자에 이은 2위나 3위 기업이 될 수 있었을까? 내로라하는 현대차, LG화학을 가볍게 누를 수 있었을까? 만년 적자 기업인 쿠팡이 롯데쇼핑, 현대백화점, 이마트, 신세계와 같은 한국 유통 회사 주식을 다 합친 것보다 몇 배 더 커질 수 있었을까? 물론 그럴 리 없다. 쿠팡의 2018년 영업손실액은 1조 원을 넘어선다. 2020년 영업손실액도 무려 5,800억 원이다. 코로나 특수로 매출이 거의 두 배 증가해 개선(?)된 결과다.

그럼 왜 미국에 상장하면 상장 차익이 커질까? 단순히 미국 시장이 더 크기 때문만은 아니다. 누구나 미국 시장에 상장만 해도 막대한 상장 차익을 거둘 수 있다면, 한국에 상장할 기업은 아무도 없다. 쿠팡이 지닌 미래 가치가 미국에 더 어필한다고 이해해야 한다. 실제로 쿠팡은 2014년 알리바바 이후 최대 규모를 기록한 외국 기업 사례다. 아마 한국은 과거 실적을 주로 보지만, 미국은 미래 성장 가능성을 더 높게 평가하기 때문일 것이다. 그렇다면 우리의 질문은 바뀌어야 한다. '왜 미국은 미래 가치를 높게 평가하는데 한국은 과거 실적에 치중할까?'

나는 미국이 미래 가치를 과감하게 평가할 수 있는 이유는 투명성에 대한 시장의 신뢰 때문이라고 생각한다. 시장 투명성이 부족하고 신뢰가 없으면 과거 실적에 치중할 수밖에 없다. 미래 예측 가능성이 떨어지면 남는 건 과거 실적이다. 쿠팡처럼 과거가 만년 적자인 기업은 한국 시장에서 높게 평가받기 어렵다. 그러나 시장 투명성에 대한 믿음이 크다면 미래를 적극적으로 예측할 수 있다. 내가 가진 정보를 신뢰해야 미래 성장 가능성을 적극적으로 평가할 수 있다.

그럼 한국은 미국보다 어떤 점이 불투명할까? 의외로 형식적인 공시 제도는 미국과 큰 차이가 없다. 그러나 첫째, 소유와 지배의 괴리가 크다. 소유와 지배의 괴리가 크면 기업과 특정 대주주의 이해관계가 달라진다. 일감 몰아주기 등 예측하기 어려운 경영 판단이 발생한다. 지배 주주 2세를 위해 기업의 이득이 특정 회사로 도관을 타고 흘러 들어간다(터널링). 또는 삼성물산 같은 우량 기업이 제일모직에 헐값에 인수된다. LG화학의 배터리 기술력을 믿고 많은 투자자가 LG화학에 투자했다. 그런데 LG화학은 배터리 부문을 분사했다. 세계 최고 수준의 배터리 기술을 보유한 회사가 갑자기 페트병 만드는 회사로 전락했다. 소유와 지배의 괴리로 인해 예측할 수 없는 위험이 발생한 것이다.

둘째, 이사회 감시 기능이 떨어진다. 한국은 재벌 총수 일가의 밥상머리 회의가 공식 이사회보다 중요하다. 그룹 회장의 잘못된 결정이 이사회를 통해 잘 시정되지 않는다. 차등의결권 제도는 소유와 지배의 괴리도를 더욱 크게 하고 지배 주주의 참호구축효과(entrenchment)를 높여 이사회의 견제를 어렵게 만드는 부작용이 있다.

그 외에 기업인 범죄 등에 대한 단호한 처벌 등이 예측 가능하고 투명한 시장 분위기를 만들 수 있다.

정리하자면, '쿠팡은 왜 미국에 상장했을까?'의 정답은 미국에 상장하면 돈을 많이 벌기(상장 차익이 크기) 때문이다. 상장 차익이 더 큰 이유는 미국은 미래 가치를 높게 평가하기 때문이다. 그리고 미국이 미래 가치에 높은 가중치를 줄 수 있는 이유는 시장 투명성에 대한 믿음 때문이다. 투명하지 못한 시장은 예측 가능성이 없어서 과거 실적에 치중할 수밖에 없다. 한국 주식 시장이 불투명한 근원은 소유와 지배의 괴리다. 차등의결권 제도가 도입되면 소유-지배 괴리도는 더욱 커진다.

한 카이스트 교수는 〈이코노미 조선〉 칼럼에서 "쿠팡이 한국 증시에 상장했다면 즉시 벤처캐피털의 경영 지배하에 들어가게 됐을 것"이라고 했다. 얼마나 많은 한국 벤처 기업이 상장 즉시 벤처캐피털의 적대적 인수·합병(M&A)의 희생양이 됐을까? 아니, 손정의가 이끄는 소프트뱅크와 국내 벤처캐피털이 다른 게 무엇일까? 소프트뱅크가 벤처 기업에 경영 참여 목적으로 투자하는 것을 긍정적으로 본다면 다른 벤처캐피털의 인수·합병도 나쁘게 볼 것만은 아니다. 벤처캐피털의 적극적인 투자(지분 인수)는 벤처 기업에 도움이 된다. 오히려 차등의결권이 도입돼 소유와 지배 괴리도가 더욱 커지면 미래 예측을 과감하고 적극적으로 할 수 있는 시장의 토대에서 더욱 멀어질까 두렵다.

핵심 용어

상장, 기업공개

상장(上場)은 시장에 등록한다는 말이다. 주식이 거래되는 시장에 자기 회사를 등록하면 시장에서 그 회사 주식을 사고팔 수 있다. 우리나라에서 주식이 거래되는 시장은 코스피와 코스닥이 대표적이다. 쉽게 말해 백화점에 입점해야 입점한 업체의 물건을 백화점에서 살 수 있다. 코스피라는 주식을 사고파는 백화점에 입점하는 것을 상장했다고 표현한다.

흔히 '기업공개(Initial Public Offering, IPO)했다'와 '상장했다'는 비슷하게 쓰인다. 기업을 공개하는 행위는 상장을 위한 절차다. 즉 코스피라는 시장에 입점(상장)하려면 기업을 공개해야 한다. 시장에서 주식을 판매하려면 그 회사에 대한 가치를 정확하게 평가하고 분석할 수 있어야 한다. 그리고 어느 정도 비율 이상의 주식을 소액 주주가 보유해야 한다. 결국 주식 시장에 상장하고자한다면 기업을 공개해야 한다.

41

규제와 보호는 다른 말일까?

어떤 왕이 이가 빠지는 꿈을 꾸고 해몽가를 불렀다. 해몽가는 "폐하는 사랑하는 모든 가족이 죽는 것을 보게 될 것입니다"라고 했다. 화가 난 왕은 해몽가를 채찍으로 때리고 가두었다. 왕은 두 번째 해몽가를 불렀다. 그는 "폐하께서는 어떤 가족들보다 더 오래 사시게 될 것입니다"라고 했다. 기분이 좋아진 왕은 큰 상을 내리고 첫 번째 해몽가까지 풀어주었다. 사실 두 해몽가는 같은 얘기를 했다. 다만 표현이 다를 뿐이었다.

2021년 4월 22일 은성수 금융위원장이 가상자산(가상화폐) 거래소를 규제해야 한다고 하자, 청와대 국민청원 게시판에 은 위원장의 사퇴를 촉구하는 청원이 등장했다. 10만 명 이상의 가상자산 투자자 등이 청원에 동참했다. 투자자 보호는 하지 않으면서 규제만 하는 것은 옳지 못하다는 것이다. 반면 가상자산을 부정적으로 보는 사람은 "하루에 20%씩 오르내리는 자산에 투자하는 사람을 보호해줄 수는 없다"고 한다. 가상자산을 어디까지 규제해야 하고 어디까지 보호해야 할까? 그런데 사실 규제와 보호는 같은 말이다. 표현이 다를 뿐이다.

투자자 보호가 무엇일까? 나의 투자 손실을 국가가 보전해주어야 한다는 뜻이 아니다. 거래소가 예수금을 들고 튀는 일을 막아야 한다는 것이다. 또 코인(가상화폐)을 발행하는 회사가 거짓 정보를 통해 시장을 교란하는 행위를 막아야 한다는 것이다. 즉, '투자 손실 보전'이 아니다. 그럼 가상자산 규제는 무엇일까? 은 위원장은 실명 인증 등 투자자를 보호할 수 없는 거래소를 폐쇄하겠다는 것이다. 결국 '먹튀'할 수 있는 거래소로부터 투자자를 보호하는 일이나, 가상자산 거래소를 규제하는 일이나 같은 말이다. 표현이 다를 뿐이다.

나는 가상자산을 투자 목적으로 거래해 본 적이 없다. 다만 가상자산이 어떻게 거래되는지 공부할 목적으로 비트코인을 구매한 적은 있다. 당시 두 개 거래소에서 각각 1비트를 샀다. 그때가 2013년이다. 구매 직후 며칠 안 돼서 매도했다. 팔지 않았다면 큰돈을 벌었겠지만, 큰 후회는 없다. 어차피 투자 목적이 아니었으니까.

그러나 이번 가상자산 규제 발표 직후 가상자산이 폭락하니 처음으로 투자 목적으로 '가상자산을 좀 사볼까'란 생각이 들었다. 투자자를 보호할 수 없는 일부 거래소 폐쇄는 투자자 보호 측면에서 가상자산 시장에 호재다. 그런데 실제로는 가상자산 가치가 떨어졌다. 이렇게 가상자산 시장의 경제적 실질과 현재 가격 사이에 괴리가 발생한다면 '매수 타이밍이 아닐까'라고 생각한 것이다. 그러나 가상자산 시장의 가격 변동 요인은 이보다 더 복잡하기에 구매하지 않았다.

규제라는 말은 무언가 반시장적으로 느껴진다. 규제를 철폐하는 것이 친시장적으로 느껴진다. 자유시장이 가장 좋아하는 것은 경쟁이며, 경쟁을 가장 위협하는 것이 독점이다. 그러나 기업은 기본적으로 경쟁을 좋아하지 않는다. 경쟁 없이 시장을 장악하고자 하는 기업으로부터 자유시장을 지키기 위한 목적으로도 규제가 필요하다. 즉 규제와 친시장은 같이 갈 수 있는 말이다. 시장을 보호하고자 기업을 규제하는 일이 필요할 때가 있다.

평등 거래 쌍방에서 이해관계를 조정하고자 만들어진 최소한의 법이 민법이다. 그런데 기업이라는 강자가 출현한다. 기업은 일반 민법으로만 규제하기에는 너무 크고 강하다. 기업은 민법 외에도 상법이라는 규제를 추가로 받는다. 상법이라는 규제는 회사 내외의 각종 이해관계자를 보호할 수 있는 법이기도 하다.

그러다 회사가 더 커지면 민법과 상법 외에 외부감사법이라는 규제를 추가로 받는다. 외부감사가 재무제표를 감사하고 이를 공시한다. 규모가 더 커져서 상장 등을 하면 추가로 자본시장법 규제를 받고, 재벌 그룹으로 성장하면 공정거래법상 상호 출자 제한 기업 집단 규제까지 추가된다. 경제 주체가 힘이 세질수록 규제의 강도는 점점 커진다. 크고 사나운 개에는 목줄 외에도 입마개가 추가로 필요한 법이다. 이러한 규제는 주변 사람을 보호한다는 의미가 있다.

'규제 철폐'라는 말은 마치 규제가 없어지면 없어질수록 좋은 것이라는 생각을 하게 한다. 물론 시대가 변하고 경제 환경이 변하면 과거의 규제는 불합리한 모습을 드러내기 마련이다. 규제를 없애면 그 규제를 통해 보호받는 사람들의 보호막도 사라진다. 그래서 '규제 철폐'보다는 '규제 전환'이 필요하다. 과거의 낡은 규제를 통해 보호받는 법익(법이 보호할 가치가 있는 이익)을 대체할 수 있는 더욱 효율적인 규제 혹은 보호가 필요하다.

그런 의미에서 가상자산 시장을 건전하게 만들고 가상자산에 투자하는 청년을 보호하고자 한다면 적절한 규제 정책이 필요하다. 규제가 없다면 가상자산 거래소가 먹튀를 해도 막을 수 없다. 또한 가상자산을 발행하는 회사가 내놓은 불완전 정보만으로도 거래소에 상장 가능하며, 소수의 대주주가 시세 조종 행위를 해도 처벌의 근거조차 없게 된다.

비트코인 등 가상자산을 조롱하는 의미로 만들어진 도지코인이 있다. 발행량이 무제한이라서 투자 가치가 의심스럽다. 그러나 2021년 초 10원에 머물렀던 도지코인이 불과 5개월 만에 700원을 넘겼다. 도지코인의 국내 하루 거래 대금이 코스닥·코스피 전체 거래 대금을 초과하는 엄청난 규모로 성장했다. 2022년 9월 현재에는 100원 밑으로 떨어졌다. 그런데도 관련 규제와 투자자 보호 조치가 사실상 전혀 없다는 것이 놀랍다.

가상자산은 너무 규모가 커져서 무시할 수 없게(too big to ignore) 됐다. 정치인들이 코인으로 큰돈을 벌 수 있다고 생각하는 청년들의 표를 잃을까 봐, 혹은 그들의 표를 얻겠다고 가상자산 시장을 규제(=보호) 없이 방치하는 것은 무책임하다.

핵심 용어
....
암호화폐, 가상화폐, 가상자산

가상화폐(virtual currency)는 인터넷 등 가상공간(virtual)에서 통용되는 디지털화폐, 전자화폐를 일컫는다. 보통 디지털 세계에서 위조와 변조를 방지하고자 그것이 불가능한 암호 시스템(블록체인이나 여러 개의 분산된 원장 등)으로 운용한다. 최초의 가상화폐인 비트코인 등은 가상 세계가 아닌 현실 세계에서도 화폐처럼 통용될 수 있다는 의미에서 가상화폐가 아니라 암호화폐로 불리기도 한다. 현재 암호화폐, 가상자산 등은 통일된 정의나 명칭 없이 혼용되어 쓰인다.

국제회계기준해석위원회는 가상화폐를 화폐가 아닌 무형자산(asset)으로 분류한다고 공식적으로 밝혔다. 우리나라 회계 기준에서도 원칙적으로 화폐가 아닌 자산으로 인식한다. 이에 공식적으로 사용할 수 있는 용어는 가상자산이다. 가상화폐가 아니다.

42

로봇세는 창문세와 다른 길을 걸을까?

정부 재정 적자가 급증한다. 세입은 그대로인데 쓸 곳은 많다. 세금이 늘지 않는다면, 아예 새로운 세목을 신설하는 것은 어떨까? 4차 산업혁명을 앞둔 로봇세 얘기가 아니다. 남북전쟁 직후 미국의 소득세 도입 얘기다.

우리나라는 물론이고 OECD 국가의 세금 비중 1위는 소득세다. 그런데 의외로 소득세의 역사는 짧다. 미국은 남북전쟁 직후인 19세기 말(1861)에 처음 소득세를 도입했다. 상위 3% 고소득자에 3% 세율을 부과하는 제한적 형태로 출발했다. 그마저도 10여 년 뒤에는 폐지되었다가 20세기 이후에 소득세가 제대로 자리 잡았다. 프랑스도 제1차 세계대전 때 소득세를 걷기 시작했다. 그나마 영국은 1798년으로 역사가 길다. 나폴레옹과의 전쟁 준비 때문에 만들었다고 한다. 소득세는 전쟁과 같은 급변기에 도입되었던 예외적 세금이었다.

소득세 도입 이전에는 재산세나 특정 물품의 거래세 또는 관세가 주된 세수입이었다. 세원 파악의 기술적인 한계 때문만은 아니었다. 산업 구조적 이유가 있다. 과거에는 농지 등 재산을 갖고 있어야 소득이 발생했다. 세원 파악이 쉬운 재산에만 세금을 부과한 것이다. 그러나 산업과 상거래가 발전하면서 변변찮은 재산도 없는 고소득자가 출연했다. 산업 구조 변화로 재산세보다 소득세가 중요해졌다.

최근 4차 산업혁명이라는 말이 나온다. 산업 구조가 다시 바뀐다는 얘기다. 과거에는 토지 같은 재산 보유보다 산업 노동이 더 중요해졌다면, 지금은 노동보다 로봇과 같은 기술 보유가 더 중요해졌다. 특히 로봇이 노동자의 일자리를 뺏는다고 하니, 로봇세가 소득세만큼 정당한 역사의 발전처럼 보이기까지 한다.

혹시 창문세를 들어보았을까? 지금은 생소한, 역사 속에서 사라진 세금이다. 1696년 영국에서 고급 주택에 많은 세금을 부과하고자 도입됐다. 시가나 공시 가격을 정하기 어려운 때(지금도 단독 주택이나 상가의 가격 산정은 여전히 어렵다)여서 고급 주택의 창문 개수에 따라 세금을 부과했다. 얼핏 생각하면 합리적인 것처럼 보인다. 상식적으로 고급 주택에 창문이 많은 것은 사실이다.

그러나 그 상식은 세금이 부과되면서 깨지기 시작했다. 세금을 창문 개수에 따라 부과하니 건물에서 창문이 사라지기 시작했다. 창문세를 시행하던 시기 런던에는 창문을 막는 것이 유행이었다고 한다. 탈세 같은 절세 방식일까, 절세 같은 탈세 방식일까? 창문을 영구적으로 막으면 절세고, 세금 조사 때만 막으면 탈세일까? 예나 지금이나 탈세와 절세 욕구는 여전하다. 아무튼 안개 낀 런던의 창문이 부족한 집에서 사느라 많은 사람이 우울증을 호소했다고 한다.

로봇세는 소득세처럼 새로운 산업혁명에 걸맞은 세목일까, 아니면 창문세처럼 역사의 뒤안길로 사라질 수밖에 없는 설익은 아이디어일 뿐일까? 우선 과세 대상인 로봇에 대한 정의가 필요하다. 팔다리가 달린 휴머노이드만 로봇일까? 인간을 닮지 않은 기계는 로봇이 아닐까? 형체조차 없는 인공지능(AI)은 어떨까?

미국의 미래학자 레이먼드 "레이" 커즈와일(Raymond "Ray" Kurzweil)에 따르면 AI의 세가지 발달 단계가 있다고 한다. 제1단계는 인간이 로봇보다 우위에 있는 때다. 제1단계 로봇은 사실상 생산성 향상을 위한 기계 설비의 일종으로 볼 수 있다. 제2단계는 로봇에 탑재된 AI가 인간과 구별할 수 없을 정도의 사고 능력을 가졌을 때다. 조세재정연구원 홍범교에 따르면, 인간과 같이 독자적인 판단과 결정을 내릴 수 있는 기계를 말한다(홍범교,

2018, 〈기술 발전과 미래 조세 체계-로봇세를 중심으로〉). 이러한 기계에는 전자 인격을 부여할 수도 있다. 그렇다면 법적 인격을 가진 법인이 소득세를 내는 것처럼(법인세) 전자 인격을 부여한 로봇도 소득세(로봇세)를 낼 수 있다. 제3단계는 로봇이 인간의 지성을 초월한 특이점 이후 단계다. 현재 인간 지성이 이루어낸 조세 체계를 인간보다 우월한 지성에 적용하는 것 자체가 불가능하니 제3단계 로봇세는 논의할 단계가 아니다.

현재 로봇의 발전 단계는 1단계. 생산성 향상을 위한 모든 기계 설비가 1단계 로봇에 해당한다. 이러한 생산 설비에 세금을 부과한다는 것은 무슨 뜻일까? 현재는 연구·개발세액 공제, 투자세액 공제, 또는 투자 비용에 따른 세금을 줄여주는 가속상각 제도가 존재한다. 그럼 사실상 로봇인 설비 투자에 세제 혜택을 주면서 로봇세를 부과한다는 것은 무엇일까? 브레이크와 액셀러레이터를 동시에 밟는 행위다. 로봇에 세금을 부과하는 것이 아닌, 기존의 과도한 투자세액 공제 혜택을 없애거나 줄이는 것이 로봇세의 현실 가능한 실현 방법일 수밖에 없다.

김공회 경상대 교수에 따르면 옥스퍼드 영어 사전에 '실업(unemployment)'이라는 단어가 수록된 것은 19세기 말이라고 한다. 실업은 자본주의 산업 사회가 발명한 독특한 형태다. 생각해보면 농경 사회에서 비자발적 실업은 존재하기 어렵다. 10명이

할 일을 9명이 할 수도 있고 11명이 할 수도 있다. 잡초 하나를 덜 뽑거나 더 뽑으면 된다. 그런 의미에서 4차 산업혁명 이후의 사회를 상상하고 새로운 논의를 하는 것은 바람직할 수 있다.

'고양이 목에 방울 달기'라는 말이 있다. 로봇세와 관련해서 과연 누가 방울을 달 것인가는 문제의 핵심이 아니다. 어떻게 방울을 달지가 핵심이다. 다행인지 불행인지 내가 고양이 목에 방울을 달 수 있다고 주장하는 사람들이 하나둘씩 늘고 있다. 이제 어떻게 달 것인지를 구체적으로 논의해야 한다. 다시 말해 과세 대상은 무엇이고, 과표는 무엇이고, 세율은 어떻게 할지를 구체적으로 정하지 않는 로봇세 논의는 무의미하다.

핵심 용어

3대 세목

세목이란 세금의 종류를 뜻한다. 우리나라는 다양한 종류의 세금(세목)이 있는데, 가장 중요한 3대 세목은 소득세, 부가가치세, 법인세다. 소득세는 개인이 발생시킨 소득에 내는 세금이다. 2022년도 본예산 기준 약 105조 원이다. 부가가치세는 물건이나 용역 거래 시 내는 세금이다. 약 76조 원이다. 법인세는 법인이 발생시킨 소득에 내는 세금이다. 약 74조 원이다. 이상 3대 세목 합계만 255조 원이다. 전체 국세 약 340조 원 중 약 3/4을 차지한다.

그럼 4대 세목은 무엇일까? 정답은 교통에너지환경세다. 네 번째 큰 세목인데, 좀 낯설다면 '유류세'라는 별칭을 들으면 이해할 수 있다. 왜 네 번째로 큰 세목이 되었는지까지도. 약 17조 원이다.

43

정부 지출은 모두 국민의 세금일까?

2022년도 정부 예산안이 발표되었다. 정부 지출 규모가 사상 최초로 600조 원을 넘었다. 사상 최초, 사상 최대라고 하니 무언가 너무 지나친 것 같다는 생각이 든다. 600조 원이 넘는 규모가 적절할까? 답이 있는 문제는 아니다. 정확한 재정 규모를 정하는 무슨 수식이 따로 존재하지는 않는다. 국민적 합의를 통해 정해야 한다는 얘기다. 코로나19의 터널을 아직 빠져나오지 못한 상황에서 정부가 적극적인 재정 지출을 해야 한다는 의견은 맞다. 다른 한편으로 재정의 지속가능성을 고려해 부채 규모를 적절히 유지해야 한다는 의견도 참고해야 한다. 지금은 각각 다른 의견을 참고해서 합의점을 도출하자는, 하나 마나 한 소리를 할 수밖에 없다.

그러나 확실한 게 있다. '정부 지출 600조 원이 곧 국민 세금 부담 600조 원'을 뜻하지 않는다는 점이다. 한 언론을 보면 "정부 예산이 100조 원 늘었는데 이는 100% 국민 세금이다"라는 표현을 쓰고 있다. 그러나 이는 사실이 아니다. 내년도 600조 원 정부 지출 중 국민이 내는 소득세는 105조 원에 불과하다. 부가가치세 76조 원, 개별소비세 10조 원, 교통에너지환경세 17조 원 등 각종 간접세가 대략 100조 원이 넘는다. 또한 법인이 내는 법인세가 74조 원이다. 결국 국민이 내는 세금, 법인이 내는 세금, 거기에 관세까지 다 합친 총국세도 340조 원에 못 미친다.

국가 지출은 600조 원인데 국민이 내는 세금은 물론이고 법인이 내는 세금까지 다 합쳐도 340조 원에 못 미친다면 나머지는 어떻게 마련할까? 나머지는 전부 정부 빚, 국채일까? 일단 늘어나는 국채는 100조 원이다. 그럼 이 100조 원의 국채는 미래 세대가 세금으로 갚아야 한다는 얘기일까? 일부만 맞다. 국채의 약 40%는 국채를 통해 마련한 대응 자산으로 갚을 수 있는 빚이다.

쉽게 설명해보자. 내가 100만 원 빚을 져서 순금을 샀다. 빚 100만 원을 미래의 나의 소득으로 상환해야 할까? 그렇지 않다. 가지고 있는 순금을 팔아서 상환하면 된다. 만약 금값이 오른다면 미래의 소득은 오히려 늘어날 수도 있다. 반대로 금값이 떨어지면 그 차액만큼만 미래 세대의 부담이 된다.

그럼 대응되는 자산이 없는 나머지 60%는 미래 세대가 세금으로 갚아야 하는 빚일까? 이것도 학자마다 의견이 다르다. 미래 세대의 부담이라는 논리와 그렇지 않다는 논리가 맞선다. 전통적 견해에 따르면 미래 세대의 부담은 거의 없다. 우리나라 국채 채권자의 약 85%는 대한민국 국민이다. 정부가 그 나라 국민에게 돈을 빌렸으면, 상환을 위해 세금을 내는 사람도 미래의 국민이고 상환을 받는 사람도 미래의 국민이니 결국 미래 세대의 부담은 없는 셈이다. 물론 정부가 해외에서 빌려온 돈은 미래 세대의 부담이 될 수도 있다. 그러나 해외 차입금을 통한 투자 수익률이 해외 차입 이자율보다 높으면 오히려 미래 세대는 더 많은 소비를 할 수 있다.

미래 세대의 부담이 된다고 주장하는 학자도 있다. 시점을 나누어서 보면 국채를 발행해서 소비를 늘리는 시대와 부담을 많이 하는 시대가 있다면, 부담을 많이 하는 시대에 해당하는 세대는 부담이 될 수 있다는 이론이다.

결국 국채의 약 40%는 대응되는 자산으로 상환 능력이 존재하는 국채이며, 나머지 60%도 미래 세대의 부담이 된다고 단언할 수 없다. 다시 말하지만, 학자마다 이론이 다르다. 특히 국가가 발행한 국채를 모두 상환하는 국가는 현실에 존재하지 않는다. 아무도 갚지 않고 적절한 국채 비율을 유지하면서, 그 이자 비용만 후세에 떠넘기면서 인플레이션이 국채를 갚아주길 바라는 것이 현실이다. 그 외 부족한 수입은 국민연금 등 기금에서 채운다.

그럼 정리해보자. 정부 지출 600조 원 중에서 국민의 세금과 법인세까지 포함한 총국세는 340조 원, 국채 100조 원을 추가해도 아직 160조 원 정도가 부족하다. 국세도 아니고 빚도 아니라면 160조 원은 어디서 나타난 수입일까? 우선 정부의 세외 수입이 약 30조 원 된다. 정부의 재산이나 정부가 투자한 경제 활동으로 벌어들이는 수입이다. 법을 어겨서 내는 과태료나 범칙금 같은 것도 세외 수입이다. 그리고 180조 원 정도의 기금 수입이 있다. 기금 수입의 상당 부분은 국민연금 수입이다. 내가 연금과 고용보험 등에 돈을 내는 이유는 나중에 그 혜택을 보고자 해서다. 내가 나를 위해서 내고 돌려받는 돈이 국가 재정 통계의 상당 부분을 차지한다는 사실을 알 수 있다. 그런데 셈이 맞지 않는다. 지출은 600조 원인데 수입은 국세 340조 원+국채 100조 원+세외 수입 30조 원+기금 수입 180조 원=약 650조 원이다. 쓰지 못하고 남는 돈은 대부분 국민연금기금 등으로 적립한다.

....
과태료, 범칙금, 벌금

과태료와 벌금은 다르다. 과태료는 행정 처분이지만 벌금은 사법 처분이다. 즉 벌금을 내면 전과자가 될 수 있다. 불법 주차 등을 했을 때 부과되는 것이 과태료다. 부과 주체는 구청이나 경찰이다. 사법부에 속한 판사가 아니라 행정부에 속한 공무원이다. 형벌 위반이 아니기에 전과와 무관하다. 범칙금도 이와 비슷하다. 다만 과태료는 차량 소유자에 부과하는 과금이라면 범칙금은 운전자에 부과하는 도로 교통 법규 위반에 따른 행정 제재다.

벌금은 형사처벌이다. 음주운전이나 뺑소니 같은 형사 위반에 대한 형사적 처벌이다. 벌금을 내면 전과 기록이 남는다.

경제 뉴스가 그렇게 어렵습니까?

1판 1쇄 발행 2022년 11월 18일 | **1판 3쇄 발행** 2024년 9월 10일

지은이 이상민 | **펴낸이** 임중혁 | **펴낸곳** 빨간소금 | **등록** 2016년 11월 21일 (제2016-000036호)

주소 (01021) 서울시 강북구 삼각산로 47, 나동 402호 | **전화** 02-916-4038

팩스 0505-320-4038 | **전자우편** redsaltbooks@gmail.com

ISBN 979-11-91383-25-6 (03300)

•책값은 뒤표지에 있습니다.